Undergraduates' Emotion and Psychological Adjustment

大学生情感与心理调适

王晓宁 主 编
张 玉 副主编

人民交通出版社股份有限公司
北 京

内 容 提 要

本书针对大学生常见的情感及心理问题，对心理调适用到的心理学经典理论进行了提炼和梳理。从大学适应、认识自己、情绪管理、人际交往、恋爱情感、职业规划、典型问题及热点话题切入，选取、引用和总结归纳了书籍中、网络上大量宝贵的、有借鉴价值的研究成果和文字资料，以作者从教20多年的教学实践经验给出了实用、高效、针对性强的心理调适建议。书中还对作者在教学中遇到的一些实际案例进行了展示，并以附录的形式给出了经典的、教学中使用效果较好的心理测试。

本书力求陈述的心理学知识简单明了、提供的调适方法实用性强，既可供高校相关课程教学使用，也可在当代大学生遇到情感与心理问题时为其提供调适参考。

图书在版编目(CIP)数据

大学生情感与心理调适 / 王晓宁主编. — 北京 : 人民交通出版社股份有限公司, 2020.12

ISBN 978-7-114-16954-0

Ⅰ. ①大… Ⅱ. ①王… Ⅲ. ①大学生—心理健康—健康教育—高等学校—教材 Ⅳ. ①G444

中国版本图书馆 CIP 数据核字(2020)第 229492 号

Daxuesheng Qinggan yu Xinli Tiaoshi

书　　名：**大学生情感与心理调适**
著 作 者：王晓宁
责任编辑：李　晴
责任校对：孙国靖　魏佳宁
责任印制：刘高彤
出版发行：人民交通出版社股份有限公司
地　　址：(100011)北京市朝阳区安定门外外馆斜街 3 号
网　　址：http://www.ccpcl.com.cn
销售电话：(010)59757973
总 经 销：人民交通出版社股份有限公司发行部
经　　销：各地新华书店
印　　刷：北京虎彩文化传播有限公司
开　　本：720×960　1/16
印　　张：8.75
字　　数：156 千
版　　次：2020 年 12 月　第 1 版
印　　次：2020 年 12 月　第 1 次印刷
书　　号：ISBN 978-7-114-16954-0
定　　价：40.00 元

前　言

在当今这个信息化高度发展的社会，来自书本的、网络的、学校的、家庭的、社会的对大学和大学生的各种看法举不胜举。在遵循社会道德、遵守法律法规的前提下，引导当代大学生认识自己、认清生活和人生发展本质，集众家之长，形成适合大学生的情感和心理调适方法体系，鼓励大学生以自信、平和且积极的状态面对学习和生活，始终充满热情和应对各种挑战的勇气是至关重要的。

本书针对大学适应、认识自己、情绪管理、人际交往、恋爱情感、职业规划等大学生常见的情感及心理问题进行分析和梳理，引导大学生了解自己，看清问题本质，使其心智不断成熟；鼓励交流讨论，促进互帮互助，启迪心灵成长；培养大学生阳光、平和的心态，让其智慧地生活；对照大学生的心理状态，帮助其读懂内心冲突及需要，逐渐找到合适的调适方法。

本书包含八章、九个附录，由哈尔滨工业大学王晓宁任主编，哈尔滨工业大学(威海)张玉任副主编，王丽芬、史泽宇参与了相关资料的收集整理和文字录入等工作。

本书在编写过程中参考借鉴了前人的研究成果，除阐述了心理学的经典理论外，还根据教学需要，查阅、总结、引用了相关专家、学者和网友的文字，在此特别向这些专家、学者和网友表示最诚挚的谢意！正是你们宝贵的贡献才使本书能够顺利完成。由于编者学识和水平有限，书中不妥之处，敬请批评指正。

编　者

2020 年 4 月

写给读大学的你

步入大学的你

一定有憧憬、有期待

也会有迷茫、有失落

独自面对新环境、新挑战

你需要自信,需要智慧,需要学会应对

理性平和、积极向上的心态,是你永远的法宝

现在,青春是用来奋斗的

将来,青春是用来回忆的

加油,正值青春、最美的你

尽快适应大学生活,不断认识和提升自己

调整好心态,去感受平凡生活当中的美好

好好爱自己,让周围的人因你的存在而更幸福

目　录

第一章　绪　　论

第一节　为什么编写这本书

编写这本书源于哈尔滨工业大学文化素质核心课——“大学生情感与心理调适”教学的需要。“大学生情感与心理调适”是面向高等院校各个专业学生开设的一门选修课程，选课对象主要是大一、大二学年的学生。这本书的编写，学习借鉴了前人大量的研究成果和文字资料，总结归纳了当前网络上、书籍中的最新研究成果和案例，以期为当代大学生提供可操作性强的情感与心理调适建议。

大学生群体，特别是大一、大二的学生，看似轻松，实际却承受着不小的学业和心理等压力。压力一方面来自学业、生活、情感、就业等，另一方面更在于大学生刚刚独立面对生活，处于逐渐成长、成熟的人生阶段，对自我、对周围环境、对人生发展的认识尚浅，需要掌握一定的心理学知识和心理调适的方法，以更好地适应大学生活，认识自己，调控好情绪，处理好人际关系和恋爱情感，更有针对性地做好职业规划，明确学习目标，激发内在的学习动力，顺利度过美好的大学生活。

有专家指出，大学生心理问题大体可以分成两大类：一类是一般性的成长心理问题，有心理障碍倾向但并不严重，这是大学生心理存在的主要问题；另一类则是程度不等的心理障碍。成长心理问题主要包括：环境改变与心理适应的问题，学习心理调适不当而出现的心理问题，情绪控制、自我认知、人格发展、意志品质锻造能力相对较弱而造成的人际交往、恋爱、性心理等方面出现心理与行为的偏差。

专家认为，大学生存在心理健康问题有着诸多原因，其中人际交往排在首位，而性与恋爱所造成的危害最严重。第一，在人际交往中，现在的大学生由于多数是独生子女，生活上的娇生惯养和学习上的一帆风顺使他们很少经受挫折锻炼，独立生活能力较差。大学生活与梦想上的落差，以及同学之间生活上的差异，也很容易使他们产生心理上的不稳定。第二，在性与恋爱上，一些学生难以把握自己，一旦出现问题，可能走向极端。第三，在学习上，刚刚从紧张的高考中脱颖而出，许多学生到了大学就想放松一把，而昔日的高才生走到一起，使一些学生失去了往昔的优势，学习压力增大。据调查，理科学生的学习压力与文科学生相比更加突出。第四，严峻的就业形势给在校大学生带来新的压力。

英国教育家弗雷德·诺思·怀特海在《教育的目的》一书中指出，教育的目的是生命、生活、生长。“学生是有血有肉的人，教育的目的是激发和引导他们的自我发展之路。”

本书编写的主旨是针对大学生常见的情感及心理问题，以亲和、亲近的方式激发和引导他们敞开心扉，对照相关理论知识、剖析自己，正确认识自己和周围环境，分析大学生情感和心理问题出现的原因，找出干扰学业和进步的症结点，帮助大学生根据本书提供的疏导和改善建议对自己进行情感和心理调适，以自信、平和、积极的状态面对大学阶段的学习和生活，并始终充满生活的热情和应对各种挑战的勇气。

第二节　这本书的主要内容

根据本书编写的主旨和教学实践的需要，本书的主要内容分为以下几部分。

一、心理学的基本理论知识

针对大学生常见的情感及心理问题，本书对心理调适用到的心理学经典理论进行了提炼和梳理。本书涉及的心理学经典理论主要包括：马斯洛需求层次理论、埃里克森人生发展八阶段理论、艾利斯情绪ABC理论、弗洛伊德人格结构理论、阿德勒自卑-超越理论、加德纳多元智能理论等。除了这些心理学经典理论，本书还查阅、总结、引用了互联网上相关专家、学者和网友的文字。

需要说明的是，本书将涉及的心理学理论分别编入每一章，这主要是为了读者阅读的方便考虑，同时避免将所有理论编入一章引起单调和枯燥。这些理论适用于整个课程的学习，读者可以根据自己的需要反复对应这些基本的心理学理论不断加深理解和感悟。

二、大学生常见的情感和心理问题

本书针对大学适应、认识自己、情绪管理、人际交往、恋爱情感、职业规划等大学生常见的几类情感及心理问题进行了分析和梳理，在每章最后一节针对某一类问题中最突出的、容易引发心理困惑的关键问题进行了有针对性的调适方法的讲解，力求引导学生对照经典的心理学理论进行自我分析，敞开心扉，用倾诉或者文字表达的方式进行宣泄，找出问题的症结点和实用、高效、可操作性强的心理调适方法。

三、可操作性强的心理调适方法

编者以从教20多年遇到和解决过的实际案例为依托，帮助学生正确对待可能遇到的情感与心理问题，针对高考失利、学业落后、不喜欢所学专业、自卑、敏感、恋爱困惑、就业迷茫等常见问题，给出有针对性、实用、高效、可操作性强的心理调适方法和建议。这些主要调适方法包括：运动、听音乐、静思、观照自我、与让你愉快的人交流思想、把心中的想法全部写出来等。

四、教学实践中常见案例的分析

编者从课堂反馈中节选了一些具有代表性的个人倾诉和剖析文字，并对教学中的实际案例进行了提取和展示，供有类似经历和困扰的读者参考，使读者明白某些心理问题和困惑是普遍存在的，只是其他人没有说出来或者你自己太过于在意和反应强烈罢了。而且，许多问题是每个人在成长中都会遇到的问题，面对当前无法解决的问题，要学会转移注意力，把精力用到其他有意义的事情上去。因为，也许过一段时间，当前困扰你的问题根本就不是问题了。

五、一些常用的心理测试

为增强本书和课堂教学的趣味性，也为了给那些迷茫、想更深入了解自己的读者一个相对客观的回应，本书选取了一些教学中使用效果较好的心理测试供读者自测。这些测试具有一定的客观性，但在不同阶段、不同心理状态下，测试结果也许不同，仅供参考。

第三节　这本书的特色和编写目标

一、本书的定位

在了解本书的定位之前，有必要搞清心理辅导、心理咨询、心理疾病和精神疾病这四个概念。

1. 心理辅导

心理辅导是指咨询师与来访者之间建立一种具有咨询功能的融洽关系，以帮助来访者正确认识自己，接纳自己，进而欣赏自己，并克服成长中的障碍，改变自己的不良意识和倾向，充分发挥个人潜能，最终迈向自我实现的过程。在进行心理辅导时，咨询师和来访者是一种平等的关系，来访者遇到的主要是人生的困惑，这种心理困惑是比较轻微的。比如，学习比较迷茫、与同学有小矛盾等。

2. 心理咨询

心理咨询是指心理咨询师运用心理学及其相关知识，遵循心理学原则，通过各种技术和方法，帮助求助者解决心理问题。在进行心理咨询时，咨询师和来访者也是一种平等关系，但是来访者的问题比较严重。比如，出现厌学、与同学关系极其紧张等。

3. 心理疾病

心理疾病是一种疾病，是指一个人由于精神上的紧张、干扰而在思维上、情感上和行为上发生了偏离社会生活规范轨道的现象。心理和行为偏离社会生活规范轨道越远，心理疾病也就越严重。比如，强迫症、焦虑症等。

4. 精神疾病

精神疾病指严重的心理障碍，患者的认知、情感、意志、动作行为等心理活动均可出现持久的明显异常；不能正常地学习、工作和生活；动作行为难以被一般人理解；在病态心理的支配下，有自杀或攻击、伤害他人的动作行为。比如，偏执性精神障碍、精神分裂症等，一般会表现出幻觉、妄想等症状。

学校不是医院，老师不是医生。学校能开展心理辅导、心理咨询，但是对心理疾病、精神疾病束手无策。所以，本书及所依托的"大学生情感与心理调适"课程主要定位于心理辅导，若需要进行心理咨询，建议同学们去学校的心理咨询中心寻求专业的心理咨询师帮助，而心理疾病、精神疾病则要及时去专科医院请医生诊治。

二、本书的特色

本书的编写源于哈尔滨工业大学文化素质核心课——"大学生情感与心理调适"教学的需要。同时，希望通过本书能与更多的读者结缘，能给更多读者以切实的启迪和帮助。

本书以编者从教 20 多年遇到和解决过的实际案例为依托，引导读者找寻生活中的平和与美好，通过研读与大学生情感和心理调适相关的心理学基本理论，理解人生与发展，了解心理问题及规律，使读者更好地认识自己，读懂自己的内心需要，找到适合自己的实用、高效的心理调适方法。

三、编写目标

1. 引导自我思考

引导学生了解自己、看清问题本质、促进心灵成长。当你遇到困惑，甚至出现情感和心理问题时，你要知道个人发展中面临的许多人生课题，包括出现的心理危机与心理困难，都是在人生发展的大背景下产生的。

有的心理困惑属于某一群体在某一人生阶段所特有的，比如多重压力之于大学生，是因为大学生正处于成长、成熟的社会角色转换的阶段，独立生活、人际交往、学业期待、人生期望、职业抱负、专业价值、恋爱情感等引发的学业压力、就业压力、情感压力等都需要应对。

所以，大学阶段遇到的许多情感和心理问题具有明显的阶段性、时效性，随着时间的推移，当个体心灵成长、心理成熟后便会自愈。

2. 鼓励交流讨论

(1) 你认为的大问题，也许在他人看来并不是问题，至少没你想象中那么严重。

(2) 学会借助他人的智慧。“听君一席话，胜读十年书”，学最好的别人，做最好的自己。

(3) 你所经历的，也许是他人经历过的。经历过，才会懂，听听别人是怎么度过的，至少可以开拓一下思路，不必深陷于痛苦中无法自拔。

(4) 许多问题不是事情本身造成的，而是事情发生后你的反应导致的。这个道理，本书第四章“艾利斯情绪 ABC 理论”阐述得很清楚，希望你能仔细研读，在自己的实际生活中运用好。

(5) 与人交流讨论，尤其是与你喜欢的、认可的、信任的人交流讨论，会让你感到自己并不孤单。原来有人是那么爱你、关心你、在意你，让你觉得无论遇到什么样的困难，无论心情多么糟糕，你都能坚强地去面对。

3. 促进互帮互助

(1) 我们都知道“赠人玫瑰，手有余香”这句话。其实，你的付出会使自己更快乐。方便别人的同时给自己带来方便，成就别人的同时也提升了自己。

(2) 和阳光的人在一起，心里就不会晦暗；和快乐的人在一起，嘴角就常带微笑；和大方的人在一起，处事就不小气；和睿智的人在一起，遇事就不迷茫。

4. 启迪心灵成长

(1)培养阳光、平和的心态。谁的青春不迷茫,谁的人生无风雨？做人,不仅要阳光,要自信,更要有一个平和的心态。人与人之间的能力并没有很大区别,将人区分开的是眼界及努力程度。生命是由一分一秒的时间构成的,这个时间决定了寿命的长短。但人的心情和身体的好坏是决定人生质量的关键。要有积极的心态、健康的体魄,才能饱览、享受人生。

(2)学会智慧地生活。电影《苦乐年华》中有这样一段歌词:“生活是一条路,怎能没有坑坑洼洼;生活是一杯酒,饱含着人生酸甜苦辣;生活像七彩缎,那也是一幅难描的画;生活是一片霞,却又常把那寒风苦雨洒呀。”有句格言也说道:“人生苦短,所以要智慧地生活,要慢慢地吻、畅快地笑、真诚地爱、快速地谅解。”人往往把自己看得过重才会患得患失,觉得别人必须理解自己。其实,人要看轻自己,少一些自我,多一些换位,才能心生快乐,才能智慧地生活。

生活中,有快乐,更有烦恼。德行美好的人,懂生活,会生活,能于平凡生活中找到快乐。清风明月不用买,鸟语花香自然来。如圣人孔子,“饭疏食,饮水,曲肱而枕之,乐亦在其中矣”。如孟子,“君子有三乐,而王天下不与存焉。父母俱存,兄弟无故,一乐也。仰不愧于天,俯不怍于人,二乐也。得天下英才而教育之,三乐也”。这三乐,普通人也可获得,只是并非所有人都能感悟到罢了。

5. 找到调适方法

人的心理健康是指一种持续的、积极的心理状态。个体在这种状态下,能够与环境有良好的适应,使生命具有活力,充分发挥其身心潜能。人的心理健康水平大体可分为三个等级:一是一般常态心理,表现为心情经常愉快,适应能力强,善于与别人相处,能较好地完成与同龄人发展水平相适应的活动,具有调节情绪的能力;二是轻度失调心理,表现出不具有同龄人所应有的愉快,与他人相处略感困难,生活自理能力较差,经主动调节或通过专业人员帮助后可恢复常态;三是严重病态心理,表现为严重的适应失调,不能维持正常的生活和工作,如不及时治疗可能恶化成为精神病患者。

通过阅读本书,希望你能对照自己的心理状态,认识自己,读懂内心冲突及需要,逐渐找到调适方法。

6. 形成自我体系

当今社会是信息化高度发展的社会,来自书本、网络、学校、家庭、社会的各种观点举不胜举。在遵循社会道德、遵守法律法规的前提下,认识自己,认清生活和人生发展本质,集众家之长,形成适合自己的情感和心理调适方法体系至关重要。每个人都是独一无二的个体,每个人都有选择自己生活方式的权利,大学生在成为德智体美劳全面发展的社会主义建设者和接班人的过程中,要逐渐形成自己的世界观、人生观、价值观体系,也要找到一套合适的自我情感和心理调适的方法。

第四节 国内外关于心理健康的标准

理论研究与实践证明,人是生理、心理与社会层面的统一。人不仅仅是一个生物体,而且是有着复杂的心理活动、生活在一定的社会环境中的完整的人。

一、世界卫生组织关于健康的标准

世界卫生组织(WHO)提出,健康是一种生理、心理与社会适应都臻于完满的状态,而不仅是没有疾病和摆脱虚弱的状态,并进一步指出健康的新概念:

(1)有充沛的精力,能从容不迫地担负日常工作和生活,而不感到疲劳和紧张。

(2)积极乐观,勇于承担责任,心胸开阔。

(3)精神饱满,情绪稳定,善于休息,睡眠良好。

(4)自我控制能力强,善于排除干扰。

(5)应变能力强,能适应外界环境的各种变化。

(6)体重得当,身材匀称。

(7)牙齿清洁,无空洞,无痛感,无出血现象。

(8)头发有光泽,无头屑。

(9)反应敏锐,眼睛明亮,眼睑不发炎。

(10)肌肉和皮肤富有弹性,步伐轻松自如。

因此,健康是生理健康与心理健康的统一,二者是相互联系、密不可分的。当人的生理产生疾病时,其心理也必然受到影响,会情绪低落、烦躁不安、容易发怒,从而导致心理不适;同样,长期心情抑郁、精神负担重、焦虑的人也易产生身体不适。因此,健全的心理与健康的身体是相互依赖、相互促进的。

二、国外一些关于心理健康的标准

(1)美国学者坎布斯认为,一个心理健康、人格健全的人应有四种特质:

①积极的自我观。

②恰当地认同他人。

③面对和接受现实。

④主观经验丰富,可供取用。

(2)马斯洛和心理学家密特尔曼提出心理健康有十条标准:

①有充分的安全感。

②对自己有较充分的了解,并能恰当地评价自己的能力。

③自己的生活和理想切合实际。

④与周围环境保持良好的接触。

⑤保持自身人格的完整与和谐。

⑥具备从经验中学习的能力。

⑦保持适当和良好的人际关系。

⑧适度地表达与控制自己的情绪。

⑨在集体允许的前提下,有限度地发挥自己的个性。

⑩在社会规范的范围内,适度地满足个人的基本需求。

(3)美国人格心理学家奥尔波特认为心理健康包括七个方面:

①自我意识广延。

②良好的人际关系。

③情绪上的安全性。

④知觉客观。

⑤具有各种技能,并专注于工作。

⑥现实的自我形象。

⑦内在统一的人生观。

(4)Havingurst 综合许多心理学家的意见,认为个体具有以下九个有价值的心理特质即为心理健康:

①幸福感,这是最有价值的特质。

②和谐,包括内在和谐及与环境的和谐。

③自尊感。

④个人的成长,即潜能的发挥。

⑤个人的成熟。

⑥人格的统整。

⑦与环境保持良好接触。

⑧在环境中保持有效的适应。

⑨在环境中保持相对独立。

三、国内一些关于心理健康的标准

(1)严和锓提出六条心理健康的标准:

①有积极向上、面对现实和环境的能力。

②能避免由于过度紧张或焦虑而产生病态症状。

③与人相处时,能保持发展融洽互助的能力。

④能将其精力转化为创造性和建设性活动的能力。

⑤有能力进行工作。

⑥能正常进行恋爱。

(2)王效道提出正常心理应具备下列八项标准:

①智力水平在正常范围以内,并能正确反映事物。

②心理行为特点与生理年龄基本相符。

③情绪稳定,积极与情境适应。

④心理与行为协调一致。

⑤社会适应,主要是人际关系的心理适应协调。

⑥行为反应适度,不过敏,不迟钝,与刺激情景相应。

⑦不背离社会规范,在一定程度上能实现个人动机,并结合生理要求得到满足。

⑧自我要求与自我实际基本相符。

他还认为心理水平可从适应能力、耐受力、控制力、意识水平、社会交往能力、康复力、道德愉快甚至道德痛苦等七个方面加以评量。

(3)王极盛等认为,人的心理健康标准应包括以下五个方面:

①智力正常。

②情绪健康:情绪稳定与心情愉快是情绪健康的重要标志。

③意志健康:行动的自觉性和果断性是意志健康的重要标志。

④统一协调的行为:一个心理健康的人,他的行为是一致的、统一的,思想与行动是统一的、协调的,他的行为有条不紊,做起事来按部就班。

⑤人际关系的适应。

(4)王希永等认为,心理健康的标准可以概括为:

①智力正常,思维方式正确,能唯物辩证地看待社会,看待自己,看待一切事物。

②具有高尚的情感体验，能控制自己的情绪。

③正确对待困难和挫折，不苛求环境，不推卸责任，有战胜困难的信心、勇气、毅力，有创新意识和开拓精神，顺利时不骄傲自满。

④需要是合理的，动机是可行的，有理想、有追求、有社会责任感，精神生活充实。

⑤具有自觉的社会公德，具有社会所赞许的道德品质，能恰当地处理好人际关系。

⑥经常处于内心平衡的满足状态，出现心理不平衡时，自己可以及时地、成功地进行调整。

(5)李百珍提出七条心理健康的标准：

①了解自我、接纳自我，能体验自我存在的价值。

②正视现实，接纳他人。

③能协调、控制情绪，心境良好。

④有积极向上的、现实的人生目标。

⑤对社会有责任心。

⑥心地善良，对他人有爱心。

⑦有独立自主的意识。

从广义上讲，心理健康是一种持续高效而满意的心理状态；从狭义上讲，心理健康是知、情、意、行的统一，是人格完善协调，社会适应良好。迄今为止，关于心理健康还没有一个统一的概念，国内外学者一般认同心理健康标准的复杂性，既有文化差异，也有个体差异。一般而言，判断个体心理健康与否，主要依据四个方面的标准：经验标准、社会适应标准、统计学标准、自身行为标准。

第二章 大学适应

第一节 马斯洛需求层次理论

亚伯拉罕·哈罗德·马斯洛(Abraham Harold Maslow,1908—1970)是美国社会心理学家、比较心理学家,人本主义心理学(Humanistic Psychology)的主要创建者之一,第三代心理学的开创者。马斯洛需求层次理论是在1943年提出的,其基本内容是将人的需求从低到高依次分为生理需求、安全需求、社交需求、尊重需求和自我实现需求。

一、生理需求

生理需求(Physiological Needs),也称级别最低、最具优势的需求,如食物、水、空气、性欲、健康。

未满足生理需求的特征:什么都不想,只想让自己活下去,思考能力、道德观明显变得脆弱。例如,当一个人极需要食物时,会不择手段地抢夺食物。

二、安全需求

安全需求(Safety Needs),同样属于低级别的需求,其中包括人身安全、生活稳定以及免遭痛苦、威胁或疾病等。

缺乏安全感的特征:感到身边的事物对自己造成威胁,觉得世界是不公平或是危险的。认为一切事物都是危险的,进而变得紧张、彷徨不安,认为一切事物都是"恶"的。例如,一个孩子因在学校被同学欺负、受到老师不公平的对待而开始变得不相信这个社会,变得不敢表现自己、不敢拥有社交生活(因为他认为社交是危险的),以此来保护自身安全。一个成年人,因工作不顺利、薪水微薄、养不起家人而变得自暴自弃,每天利用喝酒、吸烟来寻求短暂的安逸感。

三、社交需求

社交需求(Love and Belonging Needs),属于较高层次的需求,如对友谊、爱情以及隶属关系的需求。

缺乏社交需求的特征：因为没有感受到身边人的关怀，而认为自己没有价值。例如，一个没有受到父母关怀的青少年，认为自己在家庭中没有价值，所以在学校交朋友时，无视道德观和理性，积极地寻找朋友或是同类。譬如说，青少年为了让自己融入社交圈，学他人吸烟、恶作剧等。

四、尊重需求

尊重需求（Esteem Needs），属于较高层次的需求，如成就、名声、地位和晋升机会等。尊重需求既包括对成就或自我价值的个人感觉，也包括他人对自己的认可与尊重。

无法满足尊重需求的特征：变得很爱面子，或是很积极地用行动来让别人认同自己，也很容易被虚荣所吸引。例如，利用暴力来证明自己的强悍，通过从事社会认可度高的职业来证明自己的社会价值，一些富豪为了自己的名利而捐款。

五、自我实现需求

自我实现需求（Self-actualization），是最高层次的需求，包括获得真善美等至高人生境界的需求，因此只有满足了前面四项需求，最高层次的需求才能产生，这是一种衍生性需求，如自我实现、发挥潜能等。

缺乏自我实现需求的特征：觉得自己的生活被空虚感充斥着，需要去做一些身为一个“人”应该在这世上做的事，急需要有能充实自己的事物，尤其是让一个人深刻地体验到自己没有白活在这世界上的事物。也开始认为价值观、道德观胜过金钱、爱人、尊重和社会的偏见。例如，一个真心为了帮助他人而捐款的人；一位武术家、运动员把自己的体能练到极致，让自己成为世界一流或是单纯只为了超越自己；一位企业家真心认为自己所经营的事业能为社会带来价值，会为了比昨天更好而努力工作。

综上所述，马斯洛需求层次理论的积极方面主要在于：

（1）马斯洛提出人的需要有一个从低级向高级发展的过程，这在某种程度上是符合人类需求发展的一般规律的。

（2）马斯洛的需求层次理论指出了人在每一个时期，都有一种需求占主导地位，而其他需求处于从属地位。这一点对于管理工作具有启发意义。

（3）马斯洛需求层次理论的基础是他的人本主义心理学，人的内在力量不同于动物的本能，人要求实现内在价值和内在潜能乃是人的本性，人的行为是受意识支配的，人的行为是有目的性和创造性的。

第二节　认识大学

一、大学起源

近现代大学起源于中世纪的欧洲。古代的埃及、印度、中国等都有高等教育，古希腊、古罗马、拜占庭及阿拉伯国家都建立了较完善和发达的高等教育体制。虽然许多教育史学家把古代的高等学府也称为大学，但严格地说，它们不是真正意义上的大学。

1088 年，意大利建立了第一所正规大学——博洛尼亚大学（图 2-1），它是欧洲最著名的罗马法研究中心（也被称为“大学之母”，是一所学生大学）。随后，欧洲各地相继出现了大学。巴黎大学由巴黎圣母院的附属学校演变而来，1200 年，法国国王承认巴黎大学的学者具有合法的牧师资格，有司法豁免权（巴黎大学是第二所大学，是一所先生大学）。

图 2-1　被称为“大学之母”的博洛尼亚大学

世界范围内的现代大学起源于 19 世纪初，是指启蒙运动以后经过理性主义改造的大学，特别是以德国洪堡创办的柏林大学为代表的新型大学。一般认为，1809 年，德国柏林大学的创立标志着现代意义上的大学的诞生。现代大学与中世纪大学的根本区别在于大学职能的转变。中世纪大学是传授已有知识的场所，将研究和发现知识排斥在大学之外，而现代大学则将科学研究作为自己的主要职能，将增扩人类的知识和培养科学工作者作为自己的主要任务，推崇“学术自由”和“教学与研究的统一”。柏林大学的精神推动了德国科学事业的发达昌盛，使19世纪初到20世纪初的德国成为世界科学的中心。这一思想对世界高等教育也产生了深远影响，为近代大学的形成奠定了基础。

亚洲范围内，成立于1877年的日本东京大学是亚洲创办最早的大学之一。

而中国大学的起源是北洋大学堂。中日甲午海战后，国内变法之声顿起，天津中西学堂改办为北洋大学堂，标志着中国近代第一所大学的诞生。也有不少学者认为位于上海的由圣约翰书院演变而来的圣约翰大学（诞生于1879年）是中国近代第一所大学。随着一些学者对中国近代高等教育史研究的不断深入，大家逐渐发现，中国近代最早的教会大学是位于山东的由登州高等学堂演变而来的齐鲁大学（诞生于1864年）。1898年戊戌变法，京师大学堂成立，成为中国近代第一所综合大学。

二、大学理念发展

中国现代大学源起于西方，现代西方大学又是由欧洲中世纪大学、英国大学、德国大学再到美国大学逐渐演化而来的（图2-2）。

图2-2　西方大学的图书馆

欧洲中世纪大学的产生与当时的宗教教育有着密切的联系，它的理念是追求一种超国界的精神世界，以教化人的心灵为目的。

英国大学的理念主要是以培养有教养的绅士为目的。在19世纪中叶的英国教育家纽曼的眼中,大学的目的在于"传授"学问,而不在于"发展"知识,即大学是一个"教学机构",而这种学问传授的目的在于培养绅士,主要培养人的价值观。

在英国发展大学的同时,德国也开始发展大学教育。德国的著名学者洪堡等认为,大学不仅要传授知识,即培养人的价值观,重要的是还应"发展"知识,也就是说教师的首要任务是自由地从事"创造性的学问"。德国大学的理念比起英国大学的理念更具有先进性。

到20世纪30年代,在先驱者弗莱克斯纳的努力下,英国大学和德国大学的传统在美国得到了发扬,而美国大学的办学理念则发展为人才培养、科学研究和社会服务。

三、大学生活

与中学生活相比,大学生活在如下几个方面具有其典型特征。

1. 学习要求

大学阶段的学习,知识的广度和深度大大增加,专业方向基本确定,需要大力发挥学习的主动性、创造性。大学主要实行的是学分制,除了公共科目、学科基础课和专业课属于必修课之外,各专业还开设选修课,学生可以根据个人兴趣和能力选修相关课程,自由支配的学习时间增多,学习的主动性大大增强。大学图书资料和各种信息丰富,获取知识的渠道更加多样化,熟练利用图书馆和互联网搜集资料和掌握信息,成了大学生必备的学习技能。广泛涉猎相关知识,掌握科学的学习方法,培养自主学习和独立思考问题、分析问题、解决问题的能力,是大学阶段学习的重要特点。

2. 生活环境

进入大学以后,学生离开父母,远离家乡,衣食住行等日常生活都要靠自己安排。学生们来自五湖四海,兴趣爱好、生活习惯可能存在差异,主动加强沟通和交流、互相理解和关心成为一种需要。自理能力强的学生会很快适应,应对自如;自理能力弱的学生则可能计划失当,顾此失彼。因此,大学生要尽快适应新的环境,既要学会过集体生活,又要学会独立处理学习、生活中遇到的各种实际问题。

3. 社会活动

进入大学后,党组织、团组织、学生会、班委会等组织的活动增多;由志趣、爱好相同的学生自愿组织起来的各种学生社团的活动丰富多彩,学生参加各种社会活动的机会大大增加。学生可以根据自己的特点和爱好、时间和精力积极参加各种活动，合理安排课余生活，锻炼组织能力和交往能力。

四、生活事件

生活事件指人们在日常生活中遇到的各种各样的社会生活的变动。生活事件不仅是测量应激的一种方法，也是预测身体和心理健康的一项重要指标。大量研究表明，即使是中等水平的应激事件，如果连续发生，对个体的影响也非常严重。如大学生经历人际关系的疏离、评优失败及失恋，会出现明显的心理不适。

人们对生活事件与心理健康之间的关系进行解释时，一般认为生活事件的产生会提高个体适应环境的能力。个体每经历一次生活事件，必须付出精力去调整由于这一事件的发生带来的生活变化，这也带来了个体抗挫折能力的提高。

生活事件中的重要丧失对大学生的心理健康起着消极作用，如重要人际关系的丧失、荣誉的丧失等。重要的人际关系主要是指与家人、朋友，特别是与异性（恋人）的关系。这种关系一旦丧失或出现问题，不仅会影响大学生的情绪、学习和生活，更重要的是可能会极大地影响到他们对自身及今后人生的看法。失恋带来的挫折感尤为强烈。荣誉的丧失一般表现在：预期可以获得奖学金或优秀称号、入党却没有实现目标，考试作弊等违纪受到处分等。重要丧失在一定程度上影响大学生的心理健康，严重时会导致心理障碍。

第三节　大学生活的特点

高中生变成大学生，绝对不仅是身份的转变，而且是生活方式和生活模式的转变。

高中的生活大部分是教室、食堂、宿舍三点一线。学习是生活的全部，学生基本上不需要为生活以外的事情所困扰。到了大学，生活则会发生巨大改变，学习仅是一个部分而已。大学校园生活丰富多彩，大学生可以恋爱、参加学生社团、参与社会实践，等等；此外，学习的方式方法有了根本转变，从唯分数为评判标准，变为掌握和理解专业知识的研究性、探究性学习。

在高中，学生是老师的宠儿、家长的骄傲。为了让学生能安心学习，家长和老师承担了很多。学生在生活上有家长无微不至的照顾，在学习上有老师呕心沥血的指导。然而进入大学之后，情况完全改变，远离了老师的叮咛嘱咐与家长的唠唠叨叨,学生会窃喜获得了自由,但随之而来的现实问题,也会让一些人手足无措。

在高中,三点一线的生活使高中生接触的范围仅限于由老师、同学、亲戚朋友等组成的一个小圈子。进入大学后,犹如走进一个小社会,同学来自五湖四海,彼此性格和生活习惯不同,如何与同学相处,如何与老师交流,将自己融入集体生活,成为大学生遇到的难题。

一、学习方式和内容的变化

在高中时,学校多会采取填鸭式的教学方式,学生往往是被动学习,而到了大学,不再有人告诉你去学习什么,课外作业也很少,这就需要大学生去主动学习。而更加重要的是,学习内容也发生了转变。在高中,高考是大多数人唯一的目标,学生只需要学习好考试大纲要求掌握的知识就可以了,但是到了大学,学习的范围增加了很多,不仅要学好专业基础知识和技能,还要不断拓展自己的视野,同时还要学会为人处世,而这一切都没有固定模板,学生面临的是比高考更加严峻的"社会考试"。

二、生活方式的变化

在高中时,同学之间的关系都很简单,大家向着共同的目标一起奋斗努力。但是到了大学,每个人的目标都不一样,有的人想继续深造,继续埋头苦读;有的人希望锻炼自己的社交能力,加入了学生社团;也有人为了增加自己的就业筹码考取证书……大家变得不再统一,也很难有一个标准去评判优劣。

三、宿舍环境更加复杂

在高中时,室友几乎都是和自己生活在一个地方的,甚至可能从小就认识,并且关系非常好。所以室友之间也有更多的话题,生活习俗以及方言都能彼此相通。但是大学寝室则不同,碰到同一个省份甚至同一个城市的室友十分不易。室友间在生活习俗上有着很大的差异,各地的方言也不能用来互相交流,而只能用普通话交流。最重要的是,在和室友相处的过程中,一定要注意个人态度,开玩笑需要注意尺度,要尊重、理解差异,才能和谐相处。

四、自由支配的时间更多

在高中时,几乎每天都是在起床、上课、晚自习、睡觉间循环,重复着同样的事情,生活非常单调,能自由支配的时间几乎寥寥无几,连周末可能都要为高考而学习，对于自己想做的事情很难有时间去实施。但是到了大学，除了上课之外，基本上所有的时间都可以自由支配（图2-3）。正因为这样，才会有一些学生平时不努力学习，考试前“临时抱佛脚”突击复习，导致大学“挂科”现象普遍。

图2-3　大学里的自由时光

五、“财政大权”属于自己

在高中时，学生的零花钱、伙食费相对较少，也不需要自己计划花钱的事。但到了大学，大多数学生有了更多的生活费，要自己规划生活费开支方式。其实，大学生也应该学习管理财务，学有余力时，可以试着通过兼职等方式获取报酬、锻炼本领，以便将来更好地适应社会。

六、生活打理全靠自己

在高中时，大多数学生只要好好学习就可以了，做饭、洗衣等生活琐事父母会帮忙搞定。上了大学之后，一切事情都得靠自己，要学会独立。在饮食上，学校有食堂并且菜品种类丰富，基本能满足大多数学生的口味，但时间久了，学生可能也会想念家乡的味道、吃腻了食堂等；在卫生上，需要自己动手洗衣刷鞋、打理衣物，这个时候会发现有的同学总是穿得整洁干净，而有的同学却总是一身衣服皱皱巴巴，这就体现了大家生活自理能力的强弱；此外还有宿舍卫生，床铺、桌面、地面的整洁，都需要学生自己动手打理和保持。

高中到大学的生活改变其实不仅只有上面提到的几个方面。大学生需要做的就是要改变自己，要学会独立，更要学会与人相处，做任何事情之前考虑清楚，不能像高中时那样单纯无忧，要顾及后果，要学会分析。

第四节 大学生自我管理

一、要摆正自己的位置

大学生在高中时是佼佼者,成绩名列前茅,而进入大学后,面对的是来自全国各地的精英,相比之下,就可能不再像高中时那样突出。大学生不能再沉醉在高考成功的喜悦中,而应做好“一切从头开始”的心理准备,迅速给自己定位,既不自卑也不自负,有坚定的信心和顽强的毅力,要具备良好的心理素质,经得起挫折和失败,有较强的受挫折能力和抗挫折能力。

二、确立明确的学习目标

为了能专心致志地学习,明确目标是很有帮助的,因为具体、明确的目标可以产生具体结果,也就是说目标具有结果导向性,即只有很清楚地知道了自己接下来要做什么,大脑才会提前做好准备,调整好状态、心态去面对接下来要做的事情。但是需要注意的是,这个目标不能是长期目标(如果是,必须把它细分),它的时间间隔一定要合适,因为人的注意力集中程度会随着时间的延长而减弱。

三、学会管理自己的时间

大学生首先要明确自己的时间利用效率,就是学会感受时间的长度和知晓自己在某一时间段内能做多少事。例如,设定十分钟“倒计时”,看在这段时间内能完成多少事;然后,“预估”完成某项任务(如读书、作业、工作等)所需的时间,之后再和“实际”所需时间做比较分析。经常如此练习,就能帮助我们了解完成不同任务所需的时间长短,进而预留足够的时间去完成各项任务。其次,可以制定确实可行的作息表,张贴在房间的显眼处。如果连续几天都无法依照预定时间作息,应找出原因并做调整。制定作息表的关键在于:结合自己的实际情况制定时间规则,“自己做得来”的内在意识会让人比较乐意遵守既定作息。只要坚持一段时间,我们的时间管理能力自然会提高(图2-4)。

图 2-4　时间管理

四、正确处理学习与活动的关系

作为学生，最主要的任务是学习。虽然大学中有丰富多彩的活动，但学习仍然是学生的主要任务。做学生工作，参加各种活动，目的在于培养领导才能与协调能力，同时也为同学们提供了一个良好的学习、生活环境。然而，这只是完善自己、实现自身价值的一种手段，最终走向社会谋职觅业，靠的还是真才实学。所以要正确处理二者的关系，将学习与参加活动有机结合起来，合理分配自己的时间，使二者相互促进，共同发展。

五、正确处理专业知识与课外知识的关系

进入大学，学生应有一个更广阔的视野。学习专业知识，拥有一技之长是将来谋职立业、服务社会的"本钱"，自然不可忽视。但现代社会高速发展，许多交叉学科、边缘学科的出现迫使学生必须不断给自己充电，扩大视野、丰富头脑，这样才不会被时代淘汰。在学好专业知识的基础上适当地、有选择地学习其他相关学科的知识，拓宽自己的知识面是明智的选择。

六、学会与同学、朋友友好相处

大学生们来自五湖四海，风俗习惯、性格不尽相同，这些差异可能会造成人际关系中的隔阂，只有大胆与人沟通，学会宽容和接受，付出爱心、真诚和宽容，用自己的真心、诚心、热心去对待每一位同学，营造温馨的氛围，才能使大家愉快地学

习、生活,为自身的成长创造一个良好的外部环境。

七、要学会思考,培养自身的创造能力

学生进入大学,接受高等教育,是要把自己培养成一个既会做事,又会做学问,更会做人的一代新人,最终目的是将自己推向社会,所以在学校时,就应充分利用现有条件,接触社会、了解社会,运用自己所学去分析和思考身边的现象和社会问题(图2-5)。这不仅是为了提高自身能力,更是为了丰富社会阅历,为将来走向社会打下良好的基础。未来社会的竞争是科技的竞争,是人的素质的竞争,作为大学生应当具备以下素质:在思想上,具备国家、民族观念,热爱祖国又有面向世界的眼光;在道德上,具备承担义务的自觉性和享受公民权利的正确态度,也就是责任感;在心理上,具备承受各种困难和挫折的能力,并有毅力和勇气克服困难;在文化上,具备较广博的知识;在能力上,具备组织协调和管理的能力,善于与人合作。

图2-5 学会思考

思考与讨论

- 你认为大学应该是什么样的?
- 你读大学的主要目标是什么?
- 关于大学生活,你有哪些不适应的地方?
- 你对自己的大学生活满意吗?有什么困惑和疑问?

拓展作业——想一想，写一写

- 《我想对高三的学弟学妹说》
- 《我理想中的大学》
- 《原来我的大学是这样的》
- 《大学我想这样过》
- 《大学里有趣的事》

第三章　认 识 自 己

第一节　埃里克森人生发展八阶段理论

爱利克·埃里克森(Erik H. Erikson,1902—1994)是美国神经病学家、发展心理学家和精神分析学家。他提出了人格的社会心理发展理论,把心理的发展划分为八个阶段(表3-1),指出了每一阶段的特殊社会心理任务,并认为每一阶段都有一个特殊矛盾,矛盾的顺利解决是人格健康发展的前提。

埃里克森人生发展八阶段理论　　表3-1

序号	阶　段	年　龄	矛　盾	序号	阶　段	年　龄	矛　盾
1	婴儿前期	0~1.5岁	信任与怀疑	5	青少年期	12~18岁	自我同一性与角色混乱
2	婴儿后期	1.5~3岁	自主与羞怯	6	成年早期	18~30岁	亲密与孤独
3	幼儿期	3~6、7岁	主动与内疚	7	成年中期	30~60岁	生育与自我专注
4	童年期	6、7岁~12岁	勤奋与自卑	8	成年后期	60岁以后	完善无憾与悲观绝望

埃里克森认为,人的自我意识的发展会持续一生。上述八个阶段的顺序是由遗传决定的,但是每一阶段能否顺利度过却是由环境决定的,所以这个理论可称为心理社会阶段理论。每一个阶段都是不可忽视的。他的人格终生发展论,为不同年龄段的教育提供了理论依据和教育内容。他认为任何年龄段的教育失误,都会给一个人的终生发展造成障碍。这一理论也告诉每个人,你为什么会成为现在这个样子,你的心理品质哪些是积极的、哪些是消极的、是在哪个年龄段形成的,给你以反思的依据。

一、婴儿前期

信任与怀疑的冲突。如果这一阶段的危机成功得到解决,就会形成希望的美德;如果危机没有成功得到解决,就会形成胆小惧怕的性格特征(图3-1)。

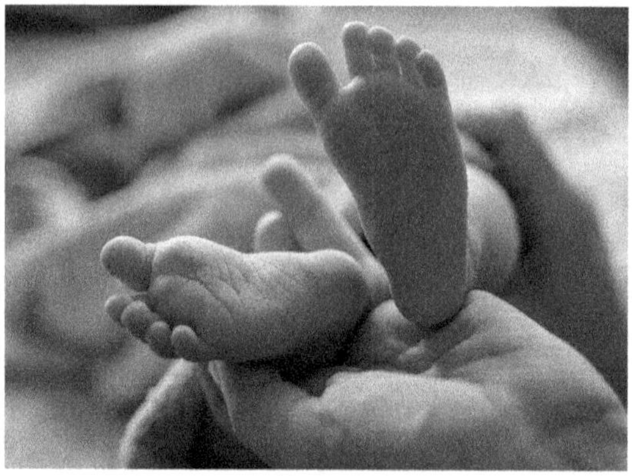

图 3-1　婴儿时期是建立信任的关键时期

埃里克森说，一旦某一阶段的特征危机得到积极的解决，那这个人的人格中就会形成一种美德。美德是某些能够为一个人的自我增添力量的东西。在这个阶段中，如果儿童具有的基本信任超过基本不信任，就形成希望的美德。埃里克森把希望解释为："对热烈愿望的实现怀有持久的信念，尽管存在标志生存初期的那种隐晦的迫切要求及愤怒。"

可以说，得到信任的儿童敢于怀抱希望，这是一个注重未来的过程；而缺乏足够信任的儿童不可能怀有希望，因为他们必须为是否能够满足需要而担忧，所以他们被目前所束缚。

二、婴儿后期

自主与羞怯的冲突。在这个阶段中，如果儿童形成的自主性超过羞怯与疑虑，就会形成意志的美德；如果危机不能成功解决，就会形成自我疑虑。

埃里克森把意志解释为："进行自由决策和自我约束的不屈不挠的决心，尽管在幼年期不可避免地要体验到羞怯和疑虑。"

值得注意的是，作为危机积极解决的结果，所形成的各种美德都是自我的功能。例如，希望和意志的美德对人生的价值具有某些影响，但它们很少影响人的生存。没有多少希望和意志美德的个人仍能生存，也就是说，这个人能够满足生物（本我）的需要，但他可能不及那些充满希望和具有意志的人那样灵活、那样乐观，或总的说来，没有那么幸福。

三、幼儿期

主动与内疚的冲突。如果这个阶段的危机成功得到解决，就会形成方向和目的的美德；如果危机不能成功解决，就会形成自卑感。

在前两个阶段，儿童已懂得他们是人。现在他们开始探究他们能成为哪一类人。在这个阶段，儿童检验了各种各样的限制，以便找到哪些是属于许可的范围，而哪些又是不许可的。如果父母鼓励儿童的独创性行为和想象力，那儿童会以一种健康的独创性意识离开这个阶段。如果父母讥笑儿童的独创性行为和想象力，那儿童就会以缺乏自信心离开这一阶段。由于缺乏自主性，当他们在考虑种种行为时，总是易于产生内疚感，倾向于生活在别人为他们安排好的狭隘的圈子里。

如果儿童在这个阶段获得的自主性胜过内疚，就会形成目的的美德。埃里克森把目的解释为："正视和追求有价值的目的的勇气，尽管这种目的曾被幼年的幻想、被内疚、被对惩罚的丢魂落魄的恐惧所阻挡。"随着儿童在前面三个阶段中所遇到的危机得到积极的解决，他们会获得希望、意志和目的三个积极的美德。

四、童年期

勤奋与自卑的冲突。如果这一阶段的危机成功得到解决，就会形成能力的美德；如果危机不能成功解决，就会形成无能。

在这一阶段中，儿童学习各种必要的谋生技能以及能使他们成为社会生产者所具备的专业技巧。内部发展阶段似乎是为"步入生活"而设置的，它不认为生活必须是学校生活，不管学校是田野，是丛林，还是教室。儿童必须忘记他过去的希望和愿望，他丰富的想象被驯服，被一些非人性事物的法则所约束，甚至被读、写、算所约束。因为，尽管儿童在心理上已经具有做父母的基本因素，但他在生理上成为父母之前，首先必须是一个劳动者和有可能养家糊口的人。

儿童在这一阶段所学的最重要的课程是"体验通过稳定的注意和孜孜不倦的勤奋来完成工作的乐趣"（图3-2）。在这门课程中，儿童可以获得一种在社会中满怀信心地同别人一起为寻求各种劳动职业做准备的勤奋感。

如果儿童没有形成这种勤奋感，那么他们就会形成一种成为对社会有用成员丧失信心的自卑感。这种儿童很可能会形成一种"消极的同一性"。

同这一阶段相联系的还有另一个危险，即儿童会过分重视他们在工作能力方面的地位。对这样的人来说，工作就是生活，因而他们看不到人类生存的其他重要方面。"如果他把工作作为他唯一的义务，把某种工作作为唯一有价值的标准，那么他可能会成为一位因循守旧的人，甚至成为毫无思想的奴仆。”按照埃里克森的理论，在这个阶段里，必须鼓励儿童掌握未来就业所必需的技能，但不能以牺牲某些其他重要的品质为代价。

图 3-2　儿童时期体验完成工作的乐趣

如果儿童获得的勤奋感胜过自卑感，他们就会以能力的美德离开这个阶段。“能力是不为儿童期自卑感所损害的在完成任务中运用自如的聪明才智。”像以上论述过的其他美德一样，能力是由于爱的关注与鼓励而形成的。自卑感是由于儿童生活中十分重要的人物对他的嘲笑或漠不关心造成的。

五、青少年期

自我同一性与角色混乱的冲突。如果这一阶段的危机成功得到解决，就会形成忠诚的美德；如果危机不能成功解决，就会形成不确定性或者说无归属感，为人冷淡冷漠，缺乏关爱的意识。

埃里克森认为这个阶段是童年期向青年期发展的过渡阶段。在前四个阶段中，儿童懂得了他是什么、能干什么，也就是说，懂得所能担任的各种角色。在这个阶段中，儿童必须仔细思考全部积累起来的有关他们自己及社会的知识，最后致力于某一生活策略。一旦他们这样做，他们就获得了一种同一性，长大成人了。获得自我的同一性就标志着这个发展阶段取得了满意的结果。

然而，这个阶段应当看作是一个寻找同一性的时期，而不是具有同一性的时期。埃里克森把这个时期称为心理社会的合法延缓期，用这一术语来表示青年人和成年人的间隔。

正在生长和发展的青年人,正面临着一场内部生理发育的革命,面临着摆在他们面前的成年人的使命,主要关心的是把别人对他们的评价与他们自己的感觉相比较,试图把各种角色及早期培养的技能和当今职业的标准相联系起来。

如果年轻人不能以同一性离开这个阶段,那么他们就会以角色混乱或消极的同一性离开这个阶段。角色混乱是以不能选择生活角色为特征的,这就无限期地延长了心理的合法延续期,或者说仅仅应诺了一些很快就抛弃的口头愿望。消极同一性是告诫儿童不要学习不良行为。

如果青年人在这个阶段中获得了积极的同一性而不是角色混乱或消极的同一性,他们就会形成忠诚的美德。埃里克森把忠诚定义为:"使忠诚得到持久和保证的能力,尽管不可避免地存在价值体系的各种矛盾。"

前面四个阶段为儿童提供了形成"同一性"的"材料"。在这个阶段,个人必须同化这些材料。同一性的形成标志着童年期的结束与成年期的开始。从这时起,生活是对自我同一性的彻底表现。既然个人"知道他或她是什么人",生活的任务就是引导"那个人"完满地度过人生的其余阶段。

六、成年早期

亲密与孤独的冲突。如果这一阶段的危机成功得到解决,就会形成爱的美德;如果危机不能成功解决,就会形成混乱的两性关系。

弗洛伊德曾经把健康的人定义为充满爱并辛勤工作的人。埃里克森赞同这个定义。但是他又指出,唯有具备牢固同一性的人才能敢于涉足与另一个人的爱之中。具有牢固同一性的青年人热烈地寻求与别人的亲密关系。青年人是在寻求和保持同一性的过程中成长的,热切和乐意把自己的同一性与其他人的同一性融合在一起。他们已具备了与他人亲密相处的能力,也就是说,具备了成为伙伴关系所须承担义务的能力以及遵守这些义务的能力,即使这些都需要付出巨大的牺牲和让步。

没有形成有效工作与亲密能力的人会离群索居,回避与别人亲密交往,因而就形成了孤立感。如果一个人在这个阶段形成的亲密能力胜过孤立能力,就会形成爱的美德。

七、成年中期

生育与自我专注的冲突。如果这一阶段的危机成功得到解决,就会形成关心的美德;如果危机不能成功解决,就会形成自私自利的性格。

如果一个人能很幸运地形成积极的同一性，过上富有成效的幸福生活，那么他就会力图把产生这些东西的环境条件传递给下一代。这可以通过与儿童(不必是自己的孩子)直接的交往，或者通过生产或创造能提高下一代生活水平的东西来实现。

一旦一个人的繁殖比率比停滞高，那么这个人会以关心的美德离开这个阶段。

八、成年后期

完善无憾与悲观绝望的冲突。如果这一阶段的危机得到成功解决，就形成智慧的美德；如果危机不能成功解决，就会形成失望和毫无意义感。

按照埃里克森的理论，人只有回顾一生感到所经历的是丰足的、有创建的和幸福的，才会不惧怕死亡。这种人具有一种圆满感和满足感，而那种回顾一生感到挫败的人则会体验到失望。看起来似乎令人奇怪，但是体验到失望的人并不像体验到满足感的人那样敢于面对死亡，因为前者在一生中没有实现任何重大的目标。

综上所述，这八个阶段不但依次相互关联，而且第八个阶段还直接与第一个阶段相联系。换言之，这八个阶段以一种循环的形式相互联系。

第二节　大学生的年龄和心理特点

一、大学生的年龄特点

我国大学生多数处于青年中期(18～24岁)这一年龄阶段(图3-3)。在这个阶段，个体的生理发展已接近完成，已具备了成年人的体格及种种生理功能，但其心智尚未成熟。对大学生而言，所面临的一个重要任务就是促使心智日益成熟，以成为一个心理健康的成年人。可以说，青年中期是走向成熟的关键期。

人的成熟应具备以下三个基本条件：

(1)身体的长成。以个体生理成熟为标志，尤其是以性成熟为重要指标。大学生一般都已具备这一条件。

(2)心理发展完善。即形成了完善的自我概念，形成了稳定的个性。

(3)社会化程度提高。以人的社会成熟为标志，即个体对自己在社会中所处的角色及所担负的社会责任有正确的认识。

图 3-3 处于青年中期的大学生

在这三个条件中，生理成熟是心理成熟的物质基础和依据，社会成熟是心理成熟的必要条件，而社会化程度的提高取决于个体的社会实践活动。大学生在校学习时间长，与社会生活有着某种程度的隔离，身在校园，对真正的社会生活并没有直接的、深刻的了解，社会实践活动比较表面和浅显。因而，大学生的社会成熟期较长，在整个大学时代都要为这种社会成熟的完成而付出努力。

二、大学生的心理特点

1. 自我概念增强与认知能力发展不协调

自我概念是指人对自身的认识及对周围事物关系的各种体验。它是认识、情感、意志的综合体，是人心理发展过程中一个极为重要的方面。

自我概念从童年期就开始产生并逐步发展。青少年时期是自我意识发展最快的时期。自我概念的产生和发展使人心理的各个方面都发生着深刻而广泛的变化；它使一个人能反省自身，有明确的自我存在感，从而以一个独立的个体看待周围的世界；它使人的心理内容得到极大的扩展和丰富。

自我概念的发展不仅与年龄有关，而且与人的知识水平有关。一个人的文化素质越高，其自我意识就可能越强。

从这两点来看，大学时期是真正认识自我的时期。大学生所处的年龄段和所具备的文化水准，决定了他们不再像中学生那样眼光向外，对外界的事物感兴趣，急于去了解世界，把握外部环境，急于显示自己的独立，想做环境的主人，而是眼光向内，注重对自己进行体察和分析，把自我分化为主体的我和客体的我，以及理想的我和现实的我。注意内省，注重探求自己微妙的内心世界，力图理解自己的情感、心理变化，自觉地从各方面了解自己，塑造自己的形象，设计自我的模式。

大学校园这种特殊的环境，是十分强调独立、注重自我确立的地方，有一种宽松自由的氛围，促使许多大学生在较大的程度上按照自己的方式安排自己的生活。同时，由于处于独特的社会层次及具有较高的文化素质，大学生对社会上的事有着自己的见解，看问题的角度可能与一般人有所不同，有一种以天下为己任的抱负和心愿。一方面，他们关心社会发展。这种关心是抛开切身利益，以大视角来进行的，注重的是整个社会的提高与进步。他们热衷参与社会，对社会舆论愿意独立思考。然而，另一方面，由于生活阅历有限，与社会有一定的距离，社会实践能力不强，使他们在谈论、评价、思考社会问题时，往往带上幻想的色彩，不能十分切合实际。他们对事物的认识，表现出一定的片面性和幼稚性，还不能深刻、准确、全面地认识问题。这种不足与他们极强的自我概念不相协调，这种不协调可能会一直困扰着他们。

2. 理想自我与现实自我存在矛盾

大学生活始终是丰富多彩、令人向往的。然而进入大学以后，由于受学习生活的转变和自身所具备的特长等诸因素的影响，大多数大学生对自我的评价也在逐渐发生转变。这不仅表现在学习成绩、生活起居上，还表现在知识面、社会经验、人际交往及个体综合能力等方面。自我认知也会出现两极振荡，当取得一点成绩时容易自负，而遇到挫折时容易自卑。不断地调整自我认知对每位大学生都非常重要。

大学生作为同龄人中学业优秀的群体，理想自我与现实自我总有相当差距。对这一客观事实认识不足，就会引起认知上的矛盾，从而严重影响大学生的心理状态。在客观现实面前，有的大学生能及时调整对自身的认识，重新确立目标，符合客观现实的要求；而有些大学生则企图逃避与现实的矛盾冲突，出现消沉、颓废、苦闷、抑郁等心态，或耽于玩乐、放纵，发泄对现实的不满，以此来麻痹自己的心灵，甚至滋生出现自杀倾向等严重心理问题。

处于大学阶段的青年人已强烈意识到“自我”，也注意到了自我的脆弱，因而产生了强烈的充实自我、发展自我的需求。有的人在追求发展自我中顾此失彼，没能达到期望的目标，从而产生了不良心理反应。还有的人在发展自我过程中放大了自我弱势，忽略了自我优势，由于害怕暴露自己的弱点而采取防御机制，缺乏必要的社会支持，甚至产生严重的烦恼和恐惧不安等。

3. 概念丰富而不稳定

大学生是一群正在成长的青年，是一个极其敏感的群体，其内心体验极其细腻微妙。他们对与自身有关的事物往往体察得细致入微。随着文化层次的提高和生活空间的扩大，他们的思维空间急剧延伸，必然导致其情感越来越丰富和深刻。

由于心理内部的需要结构发生变化，有独特的追求，而他们的价值观念尚不稳定，情绪时常处于波动、迷惘、抉择之中，心理成熟又落后于生理成熟，因而大学生的情感是不稳定的，情绪变化起伏大，易受周围环境变化的影响，心境变化快。学业、生活、人际关系等变化会引起情绪的波动，容易导致偏激、冲动，也会使情绪冲突较多。

4. 性意识发展

大学生正处于青年中期，生理发育已基本完成，所以性意识的明朗化与进一步发展都是正常的。又由于大学校园是年轻人的世界，每个大学生都有充分的机会与同龄的异性接触，因而意识的发展以及与之相伴而来的恋爱问题成为大学生心理发展过程中的一个重要内容。

一方面，性意识的发展带来强烈的按照性别特征来塑造个性和形象的精神向往，产生成为什么样的男性或女性的心愿；另一方面，性意识的发展也带来了对异性的倾慕与追求。上述愿望与大学生还不善于处理异性之间的关系，或者他们的经济地位与心理成熟度还不足以应付这种问题相矛盾，从而带来种种不安和烦恼。

5. 智力发展达到高峰

大学生一般思维敏捷，接受能力强，通过专业训练、系统学习，抽象逻辑思维能力得到充分的发展，智力水平大大提高，分析问题、解决问题的能力增强。大学生的智力层次含有较多的社会性和理论色彩，使其心理活动的内容得到极大的丰富。

6. 社会需求迫切

为了接受系统严格的专业训练，大学生在校园里的生活期限比同龄人长，这使他们与社会有一定距离。也正因为如此，他们渴望加入社会的愿望更为迫切。在校园里，他们关注着社会，评判着各种社会现象，并希望自己加入进去，按照自己的想法去改变各种令人不满意的现象，用自己的专业知识服务社会，体现自己的力量，实现自身的价值。这种迫切的社会需求与大学生正在形成的价值观相互作用，是他们将来走向社会的重要心理依据。这一心理特点支配、指导着大学生的学习态度，从而对大学时代的生活质量产生重要的影响。

第三节 大学生主要的心理表现

一、自我意识突出

进入大学之后，由于环境的变化引起心理感受的变化，大学生会发现之前所认识的自我是由家长、老师、同学所塑造出来的，不是真正的自我，因而强烈地要求重新塑造并确立真正的自我，在自我评价能力和自我控制能力方面比中学时代有所提高，但发展的水平参差不齐。

二、情感激烈复杂

大学生风华正茂，情感不再像中小学生那样天真、纯朴、直白，而是比较内向含蓄。此外，敏感、自尊、喜欢表现自己也是突出的情感特征。大学生的集体主义情感、爱国主义情感、义务感和荣誉感等都向着深度和广度发展。

三、意志力增强

大学生的独立意识和自觉性明显增强，对自己行动的目的性和社会意义有较清晰的认识，但果断性、自制力和坚毅性存在较大的个体差异，意志品质的发展仍表现出不稳定性。科学的体育教学和锻炼，有助于健康情感的发展和坚强意志品质的养成。

四、性格基本形成

随着大学生认知水平的提高、社交的扩展和深化，大学生的个性倾向日趋成熟，自我评价、自我教育、自我控制能力不断发展。在性格的意志、情绪、理智特征方面，大学生表现出逐渐稳定的状态，并且会自觉地培养良好的性格。

第四节 大学生主要的心理问题

调查结果表明：学业问题、情绪问题、人际关系问题、焦虑问题、情感问题、性健康问题、特殊群体心理问题和大学生活适应问题是目前大学生普遍存在的八大问题，下面主要谈谈大学生以下六个方面的心理问题。

一、学业压力引起的紧张焦虑

大学生的主要任务是学习,学习上的困难与挫折对大学生的影响是最为显著的。由于大学学习与中学存在很大的不同,课业专业化、难度大、要求高,学习压力和竞争也相应增大,如果处理不好,就会引起紧张和焦虑。尤其是那些高中时期学习成绩优异的学生,进入大学之后,可能会突然发觉以往的优势没有了。在高手如云的大学里,昔日的优越感荡然无存,"众星捧月"的地位变了,无形中在心理上会产生一种失落感,甚至失去努力学习的动力。

二、环境变化引起的适应不良

大学生由于学习、生活环境的改变,往往容易出现矛盾、困惑心理。其中一部分学生表现出对现实的失落感。由于中学时学生对大学充满了憧憬,也将考大学作为唯一的和最终的目标来激励自己。但当跨入大学校园后,突然发现大学生活也许并非原来所想象的那样,进而怀念起过去的中学生活。而且一部分学生发觉自己在新集体里不适应。进入大学后,由原来依赖父母到独立生活,心理上会产生一种孤独感。

三、异性交往引起的情感心理问题

大学生性发育已经成熟,恋爱问题是不可避免的。由于大学生接受青春期教育不够且缺乏正确的引导,很多学生根本不懂什么是真正的爱情,还有些学生不能正确处理与异性之间的交往和双方的情感问题,出现爱的困惑、性的困惑,少数学生还出现异常行为,有的因恋爱观与现实的具体问题发生矛盾和冲突,便陷入痛苦、迷茫、消沉之中,为情所困而不能自拔。

四、人际关系处理引发的心理困扰

受应试教育的影响,不少学生较为封闭,人际交往能力普遍较弱。进入大学后,如何与周围的同学友好相处,建立和谐的人际关系,成为大学生面临的一个重要课题。由于每个人待人接物的态度不同、个性特征不同,再加上青春期心理固有的闭锁、羞怯、敏感和冲动,大学生在人际交往过程中不可避免地遇到各种困难,从而会产生困惑、焦虑等心理问题。主要表现为:人际关系冲突、交往恐惧、沟通不良。有的学生甚至在交往过程中出现回避型人格障碍,其特点是:心理自卑,行为畏缩,面对挑战采取逃避态度或无力去应付;想与人交往,又怕被人拒绝、嫌弃;想得到别人的关心与体贴,又害羞而不敢与人接近;不与人交往并非出于自愿,内心矛盾重重。

五、求职择业引起的心理问题

高校扩大招生圆了很多青年学子的大学梦,然而随之而来的却是就业的困难(图 3-4)。就业的压力使很多大学生看不到现实的出路,找不到理想的方向,对前途深感迷茫。而如今社会竞争激烈,用人单位的要求也越来越高,加之很多大学生在校时只知读书,与社会接触少,对社会缺乏真正的了解,这些情况导致大学生择业时出现一些心理问题,主要表现为:自卑、恐惧、自傲、怀疑等。

图 3-4　求职择业是引起大学生心理问题的原因之一

六、经济负担重引起的心理问题

对于一些家庭经济负担较重的大学生来说,经济上的负担可能比其他负担更为沉重。一些大学生在校期间为了缓解生活压力,做家教、打短工、做生意以维持学业。沉重的经济负担使很多学生心理压力大,容易产生自卑心理、焦虑心理、狭隘心理、文饰心理等。

第五节　大学生心理问题的调适

一、大学生心理健康的标准

心理学家将大学生心理健康的标准描述为以下几点:

(1)有适度的安全感,有自尊心,对自我的成就有价值感。

(2)适度地自我批评,不过分夸耀自己,也不过分苛责自己。

(3)在日常生活中,具有适度的主动性,不为环境所左右。

(4)理智、现实、客观,与现实有良好的接触,能承受生活中挫折的打击,无过度的幻想。

(5)适度地接受个人的需要,并具有满足此种需要的能力。

(6)有自知之明,了解自己的动机和目的,能对自己的能力作客观的估计。

(7)能保持人格的完整与和谐,个人的价值观能适应社会的标准,对自己的工作能集中注意力。

(8)有切合实际的生活目标。

(9)具有从经验中学习的能力,能适应环境的需要改变自己。

(10)有良好的人际关系,有爱人的能力和被爱的能力。在不违背社会标准的前提下,能保持自己的个性,既不过分阿谀,也不过分寻求社会赞许,有个人独立的意见,有判断是非的标准。

清华大学心理学教授樊富珉提出的大学生心理健康的七个标准为:

(1)能保持对学习较浓厚的兴趣和求知欲望。

(2)能保持正确的自我意识,接纳自我。

(3)能协调与控制情绪,保持良好的心境。

(4)能保持和谐的人际关系,乐于交往。

(5)能保持完整统一的人格品质。

(6)能保持良好的环境适应能力。

(7)心理行为符合年龄特征。

二、基本的调适方法

1. 自我意识调节

自我意识就是能够全面认识自己的情绪,并且可以控制自己的情绪变化,如一些政治道德等方面的情绪调节。只有提高了这种自我意识支配能力,才能够保证正常的自我意识发挥。

2. 理智调节

一般来说,大学生好胜心比较强,所以在生活、工作中往往会有一些过激反应,有的学生的思想甚至比较狭隘。但无论遇到什么样的事情,都应该保持理智,这样才能够控制自己,保持心理平衡。

3. 情感调节

大学生的精力非常旺盛,相对来说情感也是比较丰富的,有的时候还会产生很多不良的情绪,而这种情绪产生之后,如果难以释放就会影响到大学生的身心健康,所以大学生一定要学会调节自己的情绪,最好是能够将这些不良情绪转化为学习的动力。

4. 语言暗示调节

大学生的知识都是比较丰富的,而且独立思维和思考能力比较强,因此通过一些语言暗示调节,可以帮助很多大学生解决心理方面的问题,对于大学生的政治思想形成等方面也有很积极的作用。

5. 注意力转移

转移注意力也是一种很不错的心理调节的方式。当情绪不佳的时候,可以适当地去参加一些同学聚会,或者各种各样的娱乐活动,换一个愉快的环境,能够换一种心情。

6. 合理宣泄

当我们的情绪积郁在心中无法消散的时候,就应该找一种方法合理宣泄情绪,从而调节心理状态。但是在合理宣泄的时候,一定要注意场地、时间及对象,千万不要无端迁怒于别人,否则会造成更严重的后果。

7. 与人交往交流

每一个人在社会上都是需要交往的,不光是在利益和物质方面,也包括情感和思想方面。当我们心情不愉快的时候,可以找同学谈一谈,相互倾诉一番,这样能够起到良好的心理调节作用。

三、一些调适的建议

1. 热爱生活,乐于参加工作与学习

心理健康的人珍惜、热爱生活,积极投身于生活之中,在生活中尽情享受人生的乐趣(图 3-5)。在工作中,他们尽可能地发挥自己的个性和聪明才智,并从工作的成果中获得满足和激励,将工作看作是乐趣。把工作中积累的各种有用的信息、知识和技能储存起来,便于随时提取使用,以解决可能遇到的各种问题,能克服各种困难。

图 3-5 热爱生活,享受人生的乐趣

2. 了解自我,悦纳自我

心理健康的人知道自己的价值,具有自知之明,即对自己的能力、性格、情绪和优缺点能做出恰当、客观的评价,对自己不会提出苛刻的非分期望与要求;对自己的生活目标和理想也能定得切合实际,因而对自己总是满意的,同时,努力发展自身的潜能,即使对自己无法补救的缺陷,也能坦然面对。

3. 接受他人,善于与他人相处

心理健康的人往往乐于与他人交往,不仅能接受自我,也能接受他人、悦纳他人,能认可别人存在的重要性。他能为他人所理解,为他人和集体所接受,能与他人相互沟通和交往,人际关系协调和谐,在小集体中能与他人融为一体,乐群性强,既能在与挚友相聚之时共享欢乐,也能在独处沉思之时无孤独之感。在与人相处时,积极的态度(如同情、友善、信任、尊敬等)总是多于消极的态度(如猜疑、嫉妒、敌视等),因而在社会生活中有较强的适应能力和较充足的安全感。

4. 协调与控制情绪,保持良好心境

心理健康的人,乐观、愉快、开朗、满意等积极的情绪状态总是占据优势,虽然也会有悲、忧、愁、怒等消极的情绪体验,但一般不会长久。他能适当地表达和控制自己的情绪,争取在社会规范允许范围内满足自己的各种需求,对于自己能得到的一切感到满意,心情总是开朗的、乐观的。

5. 正确面对现实,珍惜当下

心理健康的人能够面对现实、接受现实,并能够主动地去适应现实,进一步地改造现实,而不是逃避现实。既有高于现实的理想,又不会沉湎于不切实际的幻想。他对自己的能力有充分的信心,对生活、学习、工作中的各种困难和挑战都能妥善处理。

四、一些具体问题的调适

1. 学业压力问题

在大学里,对于每个学生而言,学业压力都是存在的,关键是看如何尽快适应环境,激发内在潜力,接受和从容面对学业上的挑战。首先要明确大学的学习方向,实现从应试教育到素质教育的转变。大学学习的目的是掌握一定的专业知识和技能,提高自身的素质。要实现这一目标,就要从学好专业课、提高专业技能、培养高尚道德情操、锻炼社交组织能力、提高身体和心理素质等多方面去努力。在学习内容上注意寻找自己的学习兴趣,除完成正常的学习任务外,应根据自己的兴趣养成发现问题、思考问题、研究问题的习惯,变被动学习为主动学习,提高学习的自觉性和自主性。

2. 情感受挫问题

大学校园中,部分大学生匆匆加入"恋爱族",由于对爱或被爱缺乏正确的理解,往往饱受单恋、失恋之苦,但又难以自我调适,轻者陷入情感的旋涡难以自拔,重者则会痛不欲生,甚至导致精神失常、自杀等严重后果。谈恋爱是一种审美,一旦双方产生了恋情,要沉着、冷静、理智地对待,既应珍视纯洁的情感,又不能任其失控地发展,要注意适度控制,正确处理恋爱与学业的关系。

3. 人际交往问题

克服人际交往中的心理问题主要是要学会正确评价自己,增加自信,消除自卑和恐惧。若对自己的神态举止尤其敏感,生怕在别人面前出丑、失态,反而会使自己在别人面前感到异常紧张。社交障碍是一种恐惧心理的自我加强过程。恶性循环一旦形成,恐惧愈演愈烈,最后可能严重影响正常的学习和生活。有这种问题的学生要大胆一些,可以跟随善于交往的同学或朋友多参加集体活动,并参照他们锻炼自己,逐渐训练自己敢于抛头露面。

思考与讨论

- 你了解自己吗？你最大的优点和缺点是什么？
- 你会观照自己、调整和控制好自己吗？
- 你有没有好好爱自己？
- 怎么才能对自己的开心负起责任？

拓展作业——想一想，写一写

- 《说说我最开心的那些事儿》
- 《说说我最自豪的那件事儿》
- 《说说我最愿意做的事儿》
- 《我对自己说》
- 《写给四年后的自己》

第四章　情 绪 管 理

第一节　艾利斯情绪ABC理论

情绪ABC理论是由美国心理学家阿尔伯特·艾利斯(Albert Ellis,1913—2007)创建的,是认为激发事件A(Activating Event的第一个英文字母)只是引发情绪和行为后果C(Consequence的第一个英文字母)的间接原因,而引起C的直接原因则是个体对激发事件A的认知和评价而产生的信念B(Belief的第一个英文字母),即人的消极情绪和行为障碍结果(C),不是由于某一激发事件(A)直接引发的,而是由于经受这一事件的个体对它不正确的认知和评价所产生的错误信念(B)所直接引起的。

错误信念也称非理性信念或不合理信念。艾利斯认为,正是由于人们常有的一些非理性信念才使我们产生情绪困扰。如果这些非理性信念存在,久而久之,还会引起情绪障碍。依据ABC理论分析日常生活中的一些具体情况,我们不难发现,人的非理性信念常常具有以下三个特征。

一、绝对化的要求

绝对化的要求是指人们常常以自己的意愿为出发点,认为某事物必定发生或不发生的想法。它常常表现为将“希望”“想要”等绝对化为“必须”“应该”或“一定要”等,例如,“我必须成功”“别人必须对我好”等。这种绝对化的要求之所以不合理,是因为每一客观事物都有其自身的发展规律,不可能以个人的意志为转移。对于某个人来说,他不可能在每一件事上都获成功,他周围的人或事物的表现及发展也不会按照他的意愿来改变。因此,当某些事物的发展与其对事物的绝对化要求相悖时,他就会感到难以接受和适应,从而极易陷入情绪困扰之中。

二、过分概括的评价

这是一种以偏概全的不合理思维方式的表现,即常常把“有时”“某些”过分概括化为“总是”“所有”等。用艾利斯的话来说,这就好像凭一本书的封面来判定它的好坏一样。它具体体现在人们对自己或他人的不合理评价上,典型特征是以某一件或某几件事来评价自身或他人的整体价值。例如,有些人遭受失败后,就会认为自己“一无是处,毫无价值”,这种片面的自我否定往往导致自卑自弃、自罪自责等不良情绪。而这种评价一旦指向他人,就会产生怨愤、敌意等消极情绪。我们应该认识到,“金无足赤,人无完人”,每个人都有犯错误的可能性。

三、糟糕至极的结果

这种观念认为如果一件不好的事情发生,那将是非常可怕和糟糕的。例如,“我没考上大学,一切都完了”“我没当上处长,不会有前途了”。这种想法是非理性的,因为对任何一件事情来说,都会有比之更坏的情况发生,所以没有一件事情可被定义为糟糕至极。但如果一个人坚持这种“糟糕”观,那么当遇到他所谓的百分之百糟糕的事时,他就会陷入不良的情绪体验之中,从而一蹶不振。

因此,在日常生活和学习中,当遭遇各种失败和挫折时,要想避免情绪失调,就应多检查一下自己的大脑,看是否存在一些“绝对化要求”“过分概括化”和“糟糕至极”等不合理想法。如有,就要有意识地用合理观念取而代之。

艾利斯对人的本性的看法可归纳为以下几点:

(1)人既可以是有理性的、合理的,也可以是无理性的、不合理的。当人们按照理性去思维、去行动时,他们就会很愉快,富有竞争精神及行动有成效。

(2)情绪是伴随人们的思维产生的,情绪上或心理上的困扰是由于不合理的、不合逻辑的思维所造成。

(3)人具有一种生物学和社会学的倾向性,倾向于存在有理性的合理思维和无理性的不合理思维,即任何人都不可避免地具有或多或少的不合理思维与信念。

(4)人是有语言的动物,思维借助于语言而进行。不断地用内化语言重复某种不合理的信念,将导致人无法排解情绪困扰。

第二节 大学生的情绪特点

稳定的情绪、积极良好的情绪反应,是学生成才的重要因素,也是学生心理健康中值得重视的问题。大学生正处在青年期,具有青年人共有的情绪和情感特征,即情感丰富、复杂、不稳定。青年人对人、事、社会现象十分敏感、关注,对友谊、美、爱情、正义等的追求十分执着，爱思考、辩论，甚至以行动来维护心目中的真善美；他们的情感体验深刻、强烈，情感容易外露，喜怒哀乐常形于表面，在外界刺激下容易冲动、凭感情用事，过后又懊悔不已；情绪起伏波动较大，呈两极趋势，有时兴奋激动如火山爆发，有时消沉忧郁，甚至失去活下去的勇气。此外，大学生这一群体由于具有独特的社会地位、知识水平、心理发展特点以及生理状况，他们的情绪和情感具有鲜明的特点(图4-1)。

图4-1 大学生群体具有鲜明而丰富的特点

一、崇尚自由与难耐孤单

大学生往往具有较强的独立意识，格外重视自我的独立人格和地位，往往对父母、教师、朋友等的建议、教导感到厌烦。大学生通常崇尚自由，喜欢无拘无束，希望在现实生活中有更大的自由度，并渴望获得社会对其独立性的认可。另一方面，由于大学生自身缺乏社会阅历，社会实践经验不足，独自离开家庭开始校园生活，依旧表现出很强的依赖性，依赖父母、老师和朋友，不适应孤独的环境，喜欢热闹，渴望与朋友交往等，因此大学生独立意识迅速增强与独立能力不强存在着矛盾。

二、内心复杂与情感丰富

大学生的情绪和情感丰富复杂，表现形式多种多样。首先，大学生的情绪和情感极为丰富，不论在日常生活、学习、交往中，还是从事社会活动时，无不带有浓厚的感情色彩。大学生在自我情感体验方面敏感丰富，注重独立感、自尊心、自信心和好胜心；大学生在学习活动中有强烈的求知欲、好奇心，热爱科学和真理，憎恨迷信和谬误；大学生对祖国、社会和集体有着深厚的情感，他们有强烈的民族自豪感和自尊感，有“天下兴亡，匹夫有责”的责任感、义务感，疾恶如仇，喜恶分明，正义感鲜明；大学生对纯洁的友谊和爱情十分向往，还积极地在发现美、欣赏美、创造美的活动中体验美的感受，等等。

大学生面对不同的选择，面对大学校园生活中的现实遭遇与自身理想的差距，表现出复杂的情感体验。另一方面，大学生正处于青年时代，是充满理想和幻想的年龄，是情绪最丰富的阶段，因此大学生所表现出来的情绪是丰富的、多样的，人类所具有的各种情绪都能在大学生身上得到充分体现。大学生的自我体验、自我尊重的需要不断增强,在情绪体验的内容上呈现出非常丰富多彩的特征。

三、稳定性和波动性

大学生普遍具有较高的智力水平和知识素养,加上社会和自我的高要求、高期望,因而在日常生活和活动中,具有一定的自我控制情绪的能力,一般能用理智约束冲动,对不良情绪进行自我调适。从总体上来看,大学生的情绪和情感是比较稳定的。另一方面,大学生的情绪和情感仍有不稳定因素存在,突出表现在情绪和情感经常在两极之间起伏、动荡,时而平静,时而激动;时而积极,时而消极;时而肯定,时而否定;时而外显,时而内隐,呈现出波动性的特征。这种波动性是由大学生在生理、心理和社会性三方面发展的特点决定的。

(1)大学生的生理发展已经成熟,由于性成熟和性激素分泌旺盛,大脑皮层和皮层下中枢之间出现暂时的不平衡,易产生情绪波动。另外,从人体生物节律来看,人的体力、情绪和智力都有周期性的变化,处在高潮期时,人感到体力充沛、心情愉快、思维敏捷;处在低潮期时则正好相反,人会觉得疲劳乏力、心情沮丧、思维迟钝,也呈波动的特点。

(2)大学生的心理发展正处于由不成熟向成熟过渡的时期,产生各种内心矛盾并不断冲突,如独立与依赖、自尊与自卑、理想与现实、闭锁与开放等,这些内心矛盾和冲突常会打破大学生的心理平衡状态,引起情绪和情感的波动起伏。

(3)大学生的社会性发展尚未成熟,虽然他们对社会现象和政治事务极为敏感、活跃,但是人生观的不稳定、认识上的不成熟往往使他们不能对社会现实和现象进行全面分析,容易以偏概全地加以肯定或否定,从一个极端走向另一个极端。尤其是在遇到困难和挫折时,更容易陷入悲观失望,难以自拔。

四、刺激延续

大学生的情绪活动不仅受到客观事物的现实性作用影响,同样也受到客观因素的制约。在日常生活中,某个情绪一旦被激发,即使刺激立即消失,但由刺激伴随而来的情绪并不会立即消失。例如,因为某一科考试成绩不理想,闷闷不乐难以释怀的情绪会持续一段时间,并不会很快消失,其情绪表现出延续性的特征。

五、分享外显与隐藏内敛

大学生在情绪特点上多表现为积极向上、活泼开朗、热情、精力旺盛、充满激情,往往受到外界的刺激而"喜形于色",更易让人读懂其情绪变化。例如,在某一次考试中取得了骄人的成绩,便会迅速与他人分享快乐与喜悦;观看一场扣人心弦的足球比赛,对进球会振臂高呼等。然而,由于自制力的逐渐增强以及思维的独立性和自尊心的发展,大学生会修饰、隐藏起情绪与内心体验,表现得较为含蓄内敛,面临一些诸如恋爱、择业、学习等具体问题时,往往会深藏不露,具有较大的内隐性。

第三节　大学生常见的不良情绪

一、学业困扰

大学期间学习压力大、学习动力不足、学习目的不明确、学习成绩不理想、学习困难等学业问题始终是困扰大学生的重要问题。

1. 学习动力不足

在大学生生活事件量表中,列在第一位的是学习压力大。调查结果表明:有69.6%的新生和54%的高年级学生感到"学习难度加大,非常困难";当问到学生为什么学习时,学生淡淡地说:"为学习而学习。"一位大二学生也写道:"学习始终不能进入状态,总感到是在巨大的考试压力下被动地学,而静下来想为什么学时,会感到很苦恼。"

2. 学习目的不明确

自习路上永远有匆匆的身影,但仔细考虑学生的学习目的,却不能得到令人满意的答案。很多学生为了应付不得不参加的考试、不能不做的事而学习。有的学生甚至直截了当地回答:"为了能够考试过关。"一位学生这样写道:"在中学时代,我各方面表现都很出色,进入大学后,沿着中学的惯性学习,尽管成绩还算理想,常常感到心力交瘁,学而无所获。"更多的学生则是"懒得精益求精,但求蒙混过关"。面对求职或升学的巨大压力,很多学生也感到危机感,但真正要努力学习,却提不起精神来。

3. 学习成绩不理想

学习困难导致的负面情绪对大学生的成长是不利的,有的学生上课注意力无法集中,有的学生不适应大学生活。"小学、中学都是尖子学生,到大学后一下子变为普通学生,个人约束力又差,自制力弱,大学期间较为放任,因而学习差了。""虽然学习上很尽力,上大学就是为了求学,但学习成绩总是不理想,因而感到很自卑,也十分压抑。”调查中,有42%的学生经历过考试失败,我们随机抽查了一个30人的大四工科班级成绩,在七个学期中,有63门次不及格,人均不及格2.1门次,不能不引起重视。

4. 学习动机功利化

市场经济的利益杠杆直接影响着学生的学习,对于学习,学生表现出空前的功利意识。对还没有学的课,学生问的第一个问题是“我学习这门课有什么用?”因而出现了专业课、基础课门前冷落车马稀,而技能类课程,如计算机、外语、股票和各种各样的证书班门庭若市的明显对比。“考证热”正是学习功利化的直接表现。学生充分了解到市场对各种证书的青睐,因而放弃了专业课的学习,去追逐各种有用的证书。

二、迷茫

“青春不迷茫,何以叫青春。”迷茫,是青春的代名词,也是诸多大学生都会经历的阶段。2017年《中国大学生成长白皮书》数据显示,当下大学生最困惑的十个主题词是:学习、职业、组织、日常、实践、自我管理、情感、精神与价值、烦恼、未来。从大一到大四,大学生在不同阶段有不同的烦恼和迷茫,时间或长或短,程度或轻或重,表现不一。

迷茫是大学新生的一种普遍状态(图4-2)。学生的本职是学习,学习是大学生、家长、学校最为关注的问题,也是困惑众多学生四年的问题。大一新生刚刚摆脱高考的重压,身心得到空前的“自由”和放松,加之距离求职尚早,目标缺失,不适应教学方式和学习方法,缺乏学习动力和自制力,学习上出现问题等现象在大一新生中尤为突出。习惯了被父母保护的生活,离开了父母的约束、中学老师的“监管”,面对五彩斑斓的大学生活,有的大一新生便会不知所措;面对数十甚至数以百计的学生社团组织招新,眼花缭乱,有的学生一下报了好几个,活动应接不暇,不知道是否还要继续参加下去;面对同学不同班,同班不同学,生活习性不同的新伙伴、舍友,不知道该怎么相处;面对各种活动、聚会的花销,由于家

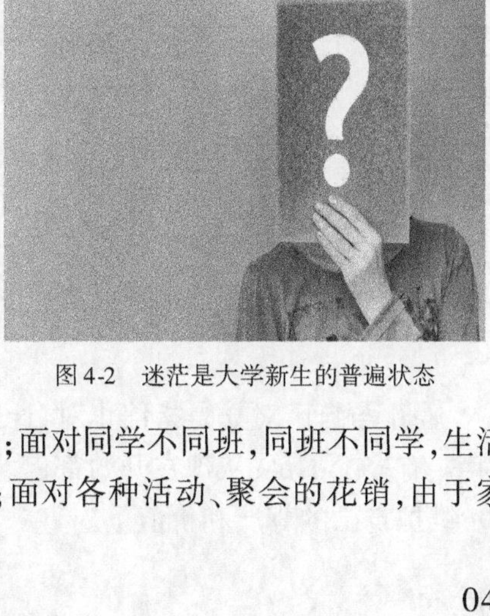

图4-2 迷茫是大学新生的普遍状态

庭经济条件不一,不参加心里不安,参加经济上又不允许,十分矛盾。

大二、大三阶段,大部分学生熟悉了大学的生活,开始专业基础课和专业课的学习,但有的学生发现自己对所学专业不感兴趣,加上个别教师课堂教学管理不严、投入不够,有的课程教学内容陈旧滞后,不能满足学生的需求,考试"放水",一些学生开始"混日子","选修课必逃、必修课选逃",课上发呆、睡觉、玩手机,课下追剧、玩游戏。看到周围同学丰富多彩的社会活动、科研活动、实践活动,兼职、交友、考证等,有些学生缺乏自信,不清楚是不是应该参加、现在参与还晚不晚;看到花样繁多的校园贷、白条诱惑,一些同学消费随心所欲,萌生了"不贷白不贷"的想法;看到现实中的大学与理想中的大学差距太大,一些学生对大学"到底该怎么上"迷茫了,过上了"佛系"生活。

转眼进入大四,面对日益激烈的就业形势,很多学生为先考研还是先就业而迷茫,毕业班的课堂上缺课现象极为普遍,学生们或考研复习、上辅导班,或外出求职面试,提前实习进入工作状态,忙着考取各类证书的也不在少数,以致耽误了正常的学业。面对严峻的就业形势,一场又一场的招聘会,鱼龙混杂的招聘单位,一、二线城市的生活"窘态"和家中的实际情况,是出国留学还是在国内就业?是去基层施展才华还是在大城市打拼?是到体制内单位还是去创业?是"先骑驴再找马"还是等待更好的就业机会?大学毕业后的收入怎么还没有不上大学的快递小哥高?上大学到底是为什么?今后的人生旅程怎么走?面对尚不能确定的工作地点、职业岗位,不少毕业生犹豫、彷徨,再次陷入迷茫状态。

学业和自我管理是大学生遇到的最常见的两个困惑,还有其他的心理问题,因人而异,各阶段不一。大学生中流传着一句笑谈:"大一的时候,不知道自己不知道;大二的时候,知道自己不知道;大三的时候,不知道自己知道;大四的时候,知道自己知道。"形象地描述了大学生求知的四个阶段。

三、不能悦纳自己

与自己对立、苛求自己、否认或逃避自己等不能悦纳自己的情绪困扰着许多大学生。如何能够做到悦纳自己呢?在此摘录互联网上的资料供读者参考。

1.停止与自己对立

停止与自己对立是指停止对自己的不满和批评。不论自认为做了多少不合适的事、有多少不足,从现在开始都停止对自己的挑剔和责备,要学习站在自己这一边,维护自己的尊严和价值。

2. 走出完美主义的误区

完美主义者要求自己什么事都必须毫无缺点或失误，结果常常达不到，长此以往就会怀疑自己、不接受不完美的自己。所以，不要苛求自己，追求完美要切合自己的实际情况，努力、尽力就好。具体说就是，允许自己犯错误，但在犯错误之后要进行反思和总结，做出补偿，以弥补自己的错误造成的损失；不重复犯同一个错误。

3. 停止否认或逃避自己的负面情绪

如果产生了负面情绪，不要去抑制、否认或掩饰它，更不要责备自己，对自己生气。要先坦然地承认并且接纳自己的负面情绪，不论它是沮丧、愤怒、焦虑还是敌意。

要知道，人产生负面情绪是很正常的，它提醒你对现状要有所警觉，这是改变现状的先决条件。如果一个人不为自己的成绩差而沮丧，他就不会想努力学习；如果一个人不为和别人的矛盾而苦恼，他就不知道自己的人际交往方式需要调节。所以，不要怕产生负面情绪，也不要否认或逃避，首先要接纳它，然后再想办法解决引起负面情绪的问题。

4. 无条件地接纳自己

绝大多数人从小就受到种种有条件的关注或严格的管束，致使很多人以为只有具备某种条件（如漂亮的外表、优秀的学习成绩、过人的专长、出色的业绩等）才能获得他人和自己的接纳，从而背上了较重的思想包袱或压力。由于经常被挑剔，也就逐渐习惯于用挑剔的眼光看待自己，越看越觉得无法接受。所以，我们要学习做自己的好朋友，站在自己这一边，接受并且关心自己的身体和心理状况，不加任何附加条件地接纳自己的一切。

第四节 大学生不良情绪的调适

一、防止不良情绪发生的基本方法

1. 培养良好的人格品质

培养良好的人格品质首先应该正确认识自我，怀着悦纳自我的态度，扬长避短，不断完善自己。其次应该提高对挫折的承受能力，对挫折要有正确的认识，在挫折面前不惊慌失措，采取理智的应对方法，化消极因素为积极因素。挫折承受能力的高低与个人的思想境界、对挫折的主观判断、挫折体验等有关。提高挫折承受能力，应努力提升自身的思想境界，树立科学的人生观，积极参加各类实践活动，丰富人生经验。

2. 养成科学的生活方式

生活方式对心理健康的影响已为科学研究所证明。健康的生活方式指生活有规律、劳逸结合、科学用脑、坚持体育锻炼、少饮酒、不吸烟、讲究卫生等。大学生的学习负担较重，心理压力较大，为了长期保持学习的效率，必须科学地安排好每天的学习、锻炼、休息，使生活有规律。学会科学用脑就是要勤用脑、合理用脑、适时用脑，避免用脑过度引起神经衰弱，使思维、记忆能力减退。

3. 加强自我心理调节

自我调节心理健康的核心内容包括调整认识结构、情绪状态，锻炼意志品质，改善适应能力等。大学生处于青年期，青年期的突出特点是人的性生理在经历了从萌发到成熟的过渡之后，逐渐进入活跃状态。从心理发展上说，这个阶段是人生的多事之秋。这是因为经验和知识的缺乏决定了这个时期的人心理发展的某些方面落后于生理机能的成长速度。因而，在其发展过程中难免会发生许多尴尬、困惑、烦恼和苦闷。这些心理问题如果总是挥之不去，日积月累，就有可能成为心理障碍而影响学习和生活。大学生应正视现实，学会自我调节，保持同现实的良好接触，充分发挥主观能动性去改造环境，努力实现自己的理想目标。

(1)保持浓厚的学习兴趣和求知欲望。学习是大学生的主要任务，有了学习兴趣就能够自觉地跃入浩瀚的知识海洋里遨游，拼命地吸取新知识，发展多方面的能力，以提高自身素质，更好地适应社会发展的需要。

图 4-3　保持乐观的情绪和良好的心境

(2)保持乐观的情绪和良好的心境(图 4-3)。大学生应保持积极乐观的情绪、愉快开朗的心境，对未来充满信心和希望，当遇到悲伤和忧愁的事情时，要学会自我调节，适度地表达和控制情绪，做到胜不骄、败不馁，喜不狂、忧不绝。

(3)保持和谐的人际关系。心理健康的学生乐于与他人交往，在交往中能用理解、宽容、友谊、信任和尊重的态度与人和睦相处。通过人际交往，他们能够认识大学生的社会责任，培养遵守纪律和社会道德规范的习惯,增强心理适应能力,与他人同心协力、合作共事,与集体保持协调的关系,保证大学生心理的健康发展。

(4)保持良好的环境适应能力。对大学生心理产生影响和作用的环境包括生存环境、成长环境、学习环境、校园环境等。

4. 积极参加业余活动,发展社会交往

丰富多彩的业余活动不仅丰富了大学生的生活,而且为大学生提供了课堂以外的活动机会,有助于身心的健康发展。大学生应培养多种兴趣,发展业余爱好,通过参加各种课余活动,发挥潜能,振奋精神,缓解紧张,维护身心健康。通过社会交往,人们才能实现思想交流和信息资料共享。发展社会交往可以不断地丰富和激活大学生的内心世界,有利于心理保健。

5. 求助心理老师或心理咨询机构

心理老师具备了较丰富的理论知识和生活实践经验,对学生所面临的心理问题具有良好的解答方式和处理技巧。心理咨询是指通过人际关系,运用心理学方法和技巧,帮助来访者自强自立的过程。心理咨询师通过与求询者的交谈、指导,针对求询者的各种心理适应和提出的问题,帮助求询者正确地认识到自身心理问题的根本原因;引导求询者更为有效面对现实,为求询者提供建立新型人际关系的机会;增加求询者的心理自由度,帮助求询者改变过去的心理异常,最终恢复健康的心理。心理咨询兼有心理预防和心理治疗功能,通过心理咨询,为咨询对象创设一个良好的社会心理环境和条件,提高其精神生活质量和心理效能水平,以实现降低和减少心理障碍,防止精神疾病,保障心理健康的目的。

二、大学生常用的情绪调适方法

(一)运动

运动能加强新陈代谢,疏泄负性心理能量,产生积极的心理感受,是很好的情绪调适手段。

1. 跑步

跑步时大脑能够分泌内啡肽,而这种物质使人产生愉悦感,可以减轻心理压力(图 4-4)。跑步一般选择傍晚比较适宜,可以每周三次,每次 20 分钟左右。

图 4-4　跑步是常用的情绪调试方法之一

2. 舞蹈

在优美动人的音乐声中,人的身体可以尽情舒展,全身心地投入到音乐中,达到忘忧的效果。

3. 散步

放慢平常紧张的步伐,在幽静的小路上舒展自己的脚步,欣赏周围优美的景致,不失为一种很好的放松方法。

4. 集体运动

在集体运动中(如球类运动、体育游戏等),人们可以增强竞争意识和合作精神,振奋参与者的精神和情绪。

(二)音乐

近年来,医学界发现音乐能直接影响人的脉搏、血压和肌肉电流。神经病学家认为,音乐有助于建立和加强大脑皮层神经细胞的联系,活跃和改善情绪。班得瑞、恩雅、雅尼等的音乐作品,均有助于放松心情,改善情绪。

(三)渐进式放松训练

1. 头部放松

用力皱紧眉头,保持5秒钟,然后放松;用力闭紧双眼,保持5秒钟,然后睁开双眼;皱起鼻子和脸颊的肌肉,保持5秒钟,然后放松;用舌头抵住下颚的门齿,口尽量张开,头向后抬,保持5秒钟,然后放松。

2. 颈部肌肉放松

将头用力向下弯,保持5秒钟,然后放松。

3. 肩部肌肉放松

将双臂平放体侧,尽量提升双肩向上,保持5秒钟,然后放松。

4. 臂部肌肉放松

双手掌心向上平放在座椅扶手上,握紧拳头,使双手及前臂肌肉保持紧张状态5秒钟,然后放松;侧平举张开双臂做扩胸状,体会臂部的紧张感5秒钟,然后放松。

5. 胸部肌肉放松

将双肩向前收,使胸部四周的肌肉紧张,保持5秒钟,然后放松。

6. 背部肌肉放松

将双肩用力往后扩，体会背部肌肉的紧张感 5 秒钟，然后放松；向后用力弯曲背部，努力使胸部弓起，挤压背部肌肉 5 秒钟，然后放松。

7. 腹部肌肉放松

保持收腹 5 秒钟，然后放松。

8. 臀部肌肉放松

夹紧臀部，保持 5 秒钟，然后放松。

9. 腿部肌肉放松

绷紧双腿，伸直上抬，腿离地面 20 厘米，保持 5 秒钟，然后放松。

10. 脚趾肌肉放松

将脚趾慢慢向下弯曲，保持 5 秒钟，然后放松；将脚趾慢慢上翘，保持 5 秒钟，然后放松。

压力较大时，建议睡前和睡醒后各练习一次，白天感到紧张时可练习多次。

（四）培养幽默感

幽默感能使人的精神充分放松，转移负性情绪，减少压力。幽默感可以通过后天培养。

1. 提高修养

幽默是智慧的表现。幽默不等于说一些粗俗的笑话、做一些滑稽可笑的动作，而是既洞察世事、入木三分，又言简意赅、妙趣横生。

2. 豁达大度

真正幽默的人，一定是豁达大度、小事不斤斤计较、凡事都能达观随和、谈笑自若的人。

3. 乐观自信

幽默感是内心情感的自然流露，只有自信乐观的人才能轻松自如地表现这种情感。

4. 随机应变

幽默是一种技巧，因而必须具有驾驭语言的能力，做到对答如流，同时还必须反应灵敏、巧解人意。

(五)其他

在情绪不好、心情烦闷的时候,还可以通过读书、绘画、写日记、涂鸦、赏花、沐浴、旅游、登高远眺、呐喊等方式释放压力、改善心情。当然,对于每一个人来说,最重要的是寻找到适合自己的情绪调节方法。

思考与讨论

◈ 详细描述近期让你情绪不好的一件事,并分析是什么导致了你的情绪问题。

◈ 情绪不好的时候,你是怎样调整的?

拓展作业——想一想,写一写

◈《我的不开心有必要吗?》

◈《破解烦恼的自我攻略》

◈《我要让内心强大》

◈《我要积极阳光》

◈《我要理性平和》

第五章 人际交往

第一节 弗洛伊德的理论

西格蒙德·弗洛伊德(Sigmund Freud,1856—1939)是奥地利精神病医师、心理学家、精神分析学派创始人(图5-1)。他创立的精神分析理论涉及潜意识论、本能理论、人格理论、焦虑和心理防御机制论等。他认为心理障碍是由于性紧张累积而引起的。这里的"性"指的是性力,后面会具体阐述。

图5-1 精神分析学派创始人弗洛伊德

一、潜意识论

弗洛伊德认为,人的心理包括意识和无意识现象,无意识现象又可以划分为前意识和潜意识。前意识是指能够进入意识中的经验;潜意识则是指不能进入或很难进入意识中的经验,包括原始的本能冲动和欲望,特别是性的欲望。

意识、前意识和潜意识的关系是:意识只是前意识的一部分,二者虽有界限,但不是不可逾越的;前意识位于意识和潜意识之间,扮演着"稽查者"的角色,严防潜意识中的本能欲望闯入意识中;潜意识则始终在积极活动着,当"稽查者"放松警惕时,就通过伪装伺机进入意识中。弗洛伊德认为,潜意识的心理虽然不为人们所觉察,但却支配着人的一生。

精神分析要研究潜意识现象,但是因为潜意识本身不能被直接认识,所以必须通过一些独特的方法才能对它进行研究。这些方法包括自由联想法、梦的解析法和日常生活的心理分析法。

1. 自由联想法

自由联想是一种不给予任何思想限制或指引的联想。精神分析者让研究对象在全身心都处于放松状态的情况下,进入一种自由联想的状态,即脑子里出现什么就说什么,不给研究对象的思路提供任何有意识的引导,但是研究对象必须如实报告自己所想到的一切。精神分析者对研究对象报告的内容进行分析和解释,直到双方都认为找到最初原因为止。

2. 梦的解析法

弗洛伊德认为,梦的本质是潜意识愿望的曲折表达,是被压抑的潜意识欲望伪装的、象征性的满足。他把梦分为"显梦"和"隐梦"两部分。显梦是指人们真正体验到的梦。隐梦则指梦的真正含义,即梦象征性表现的被压抑的潜意识欲望。对梦进行分析就是从显梦中破译出隐梦来。

3. 日常生活的心理分析法

弗洛伊德认为,潜意识与意识的斗争在日常生活中无处不在,有时候可以通过在日常生活中经常出现的"过失"变现出来,比如口误、笔误、误读、错放、遗忘和误解等。弗洛伊德认为,过失行为产生的心理机制和做梦的心理机制类似,都是被压抑于意识中的愿望经过扭曲掩盖后的表达。通过对这种过失行为的分析,能够发觉深层的潜意识的内在动机。

二、本能理论

在弗洛伊德的理论体系中,"本能"是指人格的推动性或者动机性的驱动力量,是身体内的刺激的源头。本能的目的是通过某些行为,如进食、饮水、性行为等,来消除或减少这种刺激。弗洛伊德把本能分为两类:生的本能(Life Instinct)和死的本能(Death Instinct)。生的本能包括饥饿、渴、性。生的本能是为了个体和种族的存续,因此是维持生命的创造性力量。生的本能通过被称为"力比多"(Libido)的能量形式表现出来。死的本能是一种破坏性的力量,可以指向内部,表现为自虐和自杀等;也可以指向外部,表现为仇恨和攻击等。

三、人格理论

弗洛伊德的精神分析建立了心理学史上第一个系统的人格理论,包括人格结构和人格发展两个方面。

1. 人格结构

在早期,弗洛伊德把人格分为意识、前意识和潜意识三个层次。在晚期,他进一步提出了新的人格学说,提出人格是由本我、自我和超我三个部分组成。

(1)本我是指原始的、与生俱来的潜意识的结构部分,其中蕴含着人性中最接近兽性的一些本能性的冲动。它按照快乐原则行事。

(2)自我是指意识的结构部分,处于本我和超我之间,监督自我,予以适当满足。它按照现实原则行事。

(3)超我是人格中最道德的部分,代表良心、自我理想,处于人格的最高层。它按照至善原则行事。

精神分析心理学的研究对象相应地发展为研究这三部分的内容及其相互关系。在弗洛伊德的理论中,本我、自我、超我构成了人的完整的人格。人的一切心理活动都可以从它们之间的联系中得到合理的解释。自我是永久存在的,而超我和本我在绝大多数情况下是对立的,为了协调本我和超我之间的矛盾,自我需要进行调节。

若个人承受的来自本我、超我和外界的压力过大而产生焦虑时,自我就会帮助启动防御机制。防御机制有压抑、否认、退行、抵消、投射、升华等。

简单来说,本我是人的本能,超我是我们的理想化目标,自我则是二者冲突时的调节者。

举例而言,小明看到某个漂亮女孩,心动不已。本我将会遵从本能,意图将其占为己有,这时超我就会出来干预,从道德、法律的层面阻止。而面对冲突时,自我将会出面,选择折中的办法,如上前搭讪,或者接近对方展示自己等。这时,如果搭讪失败,还会产生焦虑(如生气、懊恼等),化解焦虑的方法有压抑、回归、转移等。

2. 人格发展

精神分析理论认为,个体通过自己或者父母在正常看护自己的过程中刺激个体的性感带(Erogenous Zone)可以得到满足;在不同的发展阶段,性感带有所不同。按照性感带的阶段性不同,个体的成长可以划分为五个阶段:口唇期(Oral Stage)、肛门期(Anal Stage)、性器期(Phallic Stage)、潜伏期(Latent Stage)和生殖期(Genital Stage)。

口唇期是从出生到出生后的第二年,这个阶段对婴儿口腔的刺激,如吮吸、咬和吞咽等,是性满足的主要来源。肛门期是1到3岁,这一阶段性敏感区转到肛门。性器期是3到5岁,这一阶段生殖器成为性敏感区。性器期的性满足涉及对异性父母的性幻想以及玩弄和展示生殖器。恋父情结和恋母情结正是在这一阶段产生的。

前三个阶段是人格发展的重要阶段,为成人后的人格模式奠定了基础。潜伏期是5到12岁,这一阶段儿童的力比多受到压抑,没有明显表现。生殖期是12岁到20岁,这一阶段个体的性器官开始发育成熟,力比多的压抑逐渐解除,生殖器成为主导的性敏感区,其他性敏感区成为辅助的性敏感区。

力比多亦称“欲力”“性力”“心力”,是精神分析术语。弗洛伊德早在1894年就开始使用力比多这个术语。1905年在《性学三论》一书中,弗洛伊德首次提出,力比多指一种与性本能有联系的潜在能量。他把性欲与自我保存本能做了对比,并用力比多一词开始指性欲或性冲动,后扩展为一种机体生存、寻求快乐和逃避痛苦的本能欲望,是一种与死的本能相反的生的本能的动机力量。弗洛伊德把它看作是人的一切心理活动和行为的动力源泉,是性欲、性本能冲动。

这里的性不是指生殖意义上的性,而被称为“力比多”,泛指一切身体器官的快感。弗洛伊德认为,力比多是一种本能,是一种力量,是人的心理现象发生的驱动力,而治疗精神病的工作在于解放“力比多”,使其摆脱对先前的迷恋,转而以自我为中心,从而消除不良症状。

弗洛伊德将力比多定义为包含所谓的本我——精神内部主要的无意识结构中的本能能量或动力。他指出这些力比多驱力可能与现有的文明行为规范相抵触,这些规范在精神结构当中表现为超我。

按照弗洛伊德的观点,许多单个的本能都可以归入两类主要的内驱力下:一类是生的本能,通常称为性爱(Eros)或性;另一类是死的本能,有时也被称为破坏或攻击的本能。本能源于本我,但受自我的控制。每种本能都有它自己的心理能量形式。弗洛伊德用力比多一词来表示生的本能或性本能起作用的力量,但他从未找到一个类似的词来表示死的本能的心理能量。

瑞士著名的心理学家和分析心理学的创始者荣格也用了力比多这个概念。荣格作品中所表述的力比多是指个体指向自身发展或个性化过程中的自由创造力,或称之为心灵能量。荣格所说的力比多是一种普遍的生命力,表现于生长和生殖,也表现于其他活动,可以说他的力比多包括性的和营养的两大类。

四、焦虑和心理防御机制论

1. 焦虑论

精神分析是最早研究焦虑的心理学理论。弗洛伊德认为焦虑是自我在感受到威胁时提出的一种警示。他把这种焦虑论称为“焦虑的信号理论”。他认为,焦虑可能使个体不恰当地使用防御机制,从而导致心理疾病。

弗洛伊德认为焦虑的发展分为两个阶段,一是原始焦虑阶段,二是后续焦虑阶段。原始焦虑主要是出生创伤,是后续焦虑的基础。

弗洛伊德把焦虑分为三种类型:客观性焦虑(Objective Anxiety)、神经性焦虑(Neurotic Anxiety)和道德焦虑(Moral Anxiety)。客观性焦虑是指个人在现实世界遇到实际危险时产生的恐惧。神经性焦虑是在担心因为表达本能欲望而被惩罚时产生的。道德焦虑是在从事或者是思考违背良知的行为时产生的。弗洛伊德认为,个体的焦虑状态往往是两种或三种焦虑的混合状态。他的精神分析强调了将神经症转化为现实焦虑的重要性,从而最终解除现实焦虑。

2. 心理防御机制论

弗洛伊德认为,自我防御机制是个体无意识或半意识地采取的非理性的、歪曲现实的应对焦虑、心理冲突或者挫折的方法,是自我的机能。弗洛伊德的女儿安娜整理了弗洛伊德的相关论述,发现他主要提出了八种自我防御机制:否认、移置、投射、合理化、反向作用、倒退、压抑和升华。

否认指个体拒绝承认引起自己痛苦和焦虑的事实的存在。移置指个体的本能冲动和欲望不能在某种对象上得到满足时,就会转移到其他对象上。投射指把自己内心的不为社会所接受的欲望冲动和行为归咎于他人。合理化指用一种自己能接受的理由代替原来的理由。反向作用指用相反的行为方式来替代受压抑的欲望。倒退指当个体遇到挫折时,用早期发展阶段的幼稚行为来应付现实,目的是获得他人的同情,减轻焦虑。压抑指把引起焦虑的观念和冲动压到潜意识中去。升华指把本能冲动转移到社会赞许的方面。

第二节　大学生人际交往的特点

大学校园宛如一个小社会,大学生在认真学习、积极参加社会工作和休闲娱乐的同时,不可避免地要与老师、同学、室友等各种社会身份的人交往沟通,大学生人际交往的特点突出表现为:交往愿望强烈、交往的范围更加广泛、交往的自主性更强、交往的内容更加丰富、交往的方式更加多元等。

一、交往愿望强烈

当代大学生独特的生活环境和思想氛围,决定了其人际交往较之中学时代具有更大的广泛性、互动性和多样性,大学生人际交往的愿望比中小学生更为迫切,他们力图通过交往去开阔视野、丰富知识、学会处世以表现自己各方面的才能,获

图 5-2　大学生具有强烈的人际交往意愿

得情绪的稳定，保持足够的自尊心和自信心（图 5-2）。大学生思想活跃、精力充沛、兴趣广泛，有充裕的时间去思考交往，富于理想情感，讲究情投意合、融洽相处。大学生人际交往的愿望随着年龄的增加而减少，这与高年级学习负担加重、与工作的联系更加紧密有关。另一方面，大学生的兴趣、人格逐步走向固定，从多元化向一元化发展。

二、人际交往的社会性强

大学生人际关系的社会性大大强化，大学生年轻、有干劲，“初生牛犊不怕虎”，是有冲劲和活力的一个群体，他们参与社会交往，不仅可以增长见识，也可以增长社会财富。大学生在中学阶段，注意力都集中在学习上，没有时间和精力进行很多的人际交往；进入大学后，他们走出家门，认识、结交了更多的朋友，交流更多的信息，接受更多的新思想，与社会的接触比中学时更加频繁与密切，人际交往呈现出前所未有的开放式交往趋势。大学生有一个共同目标，即学好高等课程，提高自身素质，争做全面发展的社会主义接班人，因此相互之间的人际交往必须符合这个共同目标。

三、存在一些团体或组织

社团已成为大学生交往的重要校园场所，毫不夸张地说，没有参加过社团活动就等于没有上过大学（图 5-3）。形成这些团体或组织的原因主要有相似性吸引、接近性吸引和补偿性吸引三类，在这些群体中，起积极作用的是多数，同学之间的情谊能用道德标准要求，有共同的兴趣和爱好，互相关心、互相帮助、共同进步。也有起消极作用的团体，交往活动常常是玩耍、娱乐，学习和思想上不能互相帮助，不能用集体的道德标准和生活规范来约束行为。

图 5-3　学生社团极大地丰富了大学生的生活

四、交往注重自立，不依赖家庭

大学生的独立意识普遍增强，不仅理性地思考、判断、处理自身的问题，也关心社会，批判地接受知识，批判地看待其他事物，有着强烈的体现个性的见解和疑问。大学生在自我意识和社会关系相互协调的基础上，开始树立自我的个性，支持自己的主张，以独立的人格和态度处事，积极自主地开展人际交往活动。这一时期，大学生的抱负与志向鲜明，对于家庭往往已不再依赖，而是以成人的眼光参与和处理家庭事务，充分体现个人的意志和性格，这使得大学生更容易接受新事物，更容易受社会思潮的影响。

五、社交能力逐渐增强

大学生在交往中注意使用较温和的方式，不再粗暴地自夸自大，对社会、同性和异性的鉴赏力增强，能适应各式各样的人，能接受并宽容朋友的不同意见，不试图硬性地改变他们，争吵减少。交往手段的发展，使大学生的人际交往变得更方便、更快捷，交往距离更远，交往范围甚至可以扩展到全世界。

六、交往内容多样性

大学生交往的内容除了专业知识以外，还涉及文学、艺术、体育、政治、外交、人生、理想、爱情和社会问题等各个方面，内容丰富多彩。大学生交往频率提高，由偶尔的相聚、互访发展到经常聊天，经常参加社团活动、聚会、体育活动、娱乐活动、结伴出游以及其他一些集体活动。交往方式、手段更多，由原来的互访、通信等转向使用一切现代化的通信设备、交往工具、交往场所。但是形式化的东西不仅不能促进大学生人际交往，反而会打消一部分学生的积极性。

七、交往范围扩大，但仍以同龄人为主

市场经济的发展，使人际交往不能局限于亲缘群体之内，人际交往的范围随之扩大，大学生的交往对象由以前的亲戚、邻居、成长伙伴转向大学同学和在社交场合认识的其他人，其中又以同学交往为主。大学生过着与他人朝夕相处的集体生活，众多的交流机会、相似的人生经历、共同的学习任务，使得大学生的交往对象主要是同寝室、同班级、同乡的同学，围绕学习、娱乐、思想、情感交流而展开。他们较少受社会经验和传统思想的束缚，思想开放活跃，力图突破现有的交往圈，不断以新的眼光和标准去扩大交往范围，寻求更多更好的伙伴；交往能力强的学生交往不

局限于同班同学，更多的大学生突破班级、年级范围，发展到同级、同系、同校高低年级可认识的所有同学及外校、社会上的朋友，进入各式各样的校内外交际环境。不仅是同性之间的交往，异性交往也很常见。

八、部分大学生缺少交往技能、交往机会和环境

大学生的主要任务是学习，大部分时间与精力都倾注在学习上，部分大学生存在交往技能过于贫乏，交往方式过于被动的问题。青年学子较少接触社会，而社会的复杂性绝非在菁菁校园中所能想象的，面对错综复杂的人际关系及各种各样的实际问题，他们开始发现以前那种认为自己可以完全独立的心态是幼稚的，大学生的人际关系更因他们的年轻而难以把握。大学生人际交往是学习、生活的过程，也是获得新知识的过程。大学生人际交往的方式、行为和观念改变，交往空间的逐步扩大，既是大学生自我意识进一步的觉醒，也是整个社会生活状态发生质变的结果。

第三节　大学生人际交往的心理问题

一、自卑心理

自卑是人际交往的大敌。自卑的人悲观、忧郁、孤僻、不敢与人交往，认为自己处处不如别人，性格内向，总觉得别人瞧不起自己。这类人的自卑心理主要是由以下几种原因引起：过多的自我否定、消极的自我暗示、挫折的影响和心理或生理等方面的不足。比如，有的学生身材矮小、相貌丑陋、家庭经济条件差、学习差，等等。这种学生在学校中为数不少。怎么样才能改变这种心理呢？首先，要采用积极的态度来面对，要正确认识自己，提高自我评价。自卑心理的形成主要源于社交中不能正确认识自己和对待自己。其次，可以采用“阿Q”精神胜利法，人无完人、金无足赤，要学会积极与人交往，增强自信，任何一个交际高手都不是天生的（图5-4）。

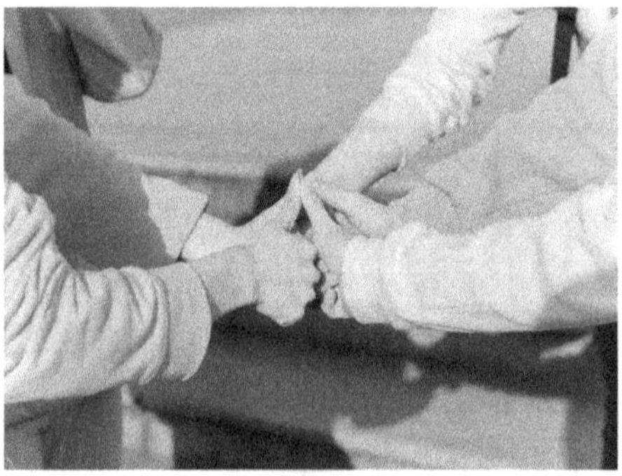

图5-4　人际交往中应增强自信

二、孤独心理

孤独是一种感到与世隔绝、无人能进行情感或思想交流、孤单寂寞的心理状态。孤独者往往表现出萎靡不振,并产生不合群的悲哀,从而影响正常的学习、交际和生活。孤独心理主要由以下几种原因引起:性格过于自负或自尊心过强。"水至清则无鱼,人至察则无徒。"自尊、自负、自傲都会引起孤独的产生。还有一种人比较容易孤独,那就是喜欢做"语言上的巨人、行动上的矮子"的人。怎么样才能够改变这种心理呢?首先要把自己融入集体中。其次,要克服自负、自尊和自傲的心态,积极参加交往。当一个人真正感到与他人心意相融、为他人所理解和接受时,就容易摆脱这种孤独了。

三、嫉妒心理

嫉妒是在人际交往中,因与他人比较发现自己在才能、学习、名誉等方面不如对方而产生的一种不悦、自惭、怨恨甚至带有破坏性的行为。嫉妒的特点是:对他人的长处、成绩心怀不满;看到别人冒尖、出头不甘心,总希望别人落后于自己。嫉妒还有一个特点,就是没有竞争的勇气,往往采取挖苦、讥讽、打击甚至采取不合法的行动给他人造成危害。这种情况严重阻碍了大学生的心理健康和人际交往,给大学生成人和成才带来了莫大的困难。嫉妒会吞噬人的理智和灵魂,影响正常思维,造成人格扭曲。有嫉妒心的人应多从提高自身修养方面下功夫,多转移注意力,积极提升自己,把自身的劣势转化为优势,采取正当、合法和理智的手段来消除这一心理。

四、报复心理

所谓报复,是在人际交往中,以攻击的方式将对那些曾给自己带来挫折的人的不满、怨恨发泄出来。它极具攻击性和情绪性。报复心理和报复行为常发生在心胸狭窄、个性品质不良者遭到挫折的时候。社会心理学家研究表明,报复心理的产生不仅同个性特点有关,而且与挫折的归因和环境有关,报复常常以隐蔽的形式进行。因为报复者常常以弱者的身份出现,他们没有足够的心理承受能力和公开的反击能力,所以只有采取隐蔽的方式来进行报复。这种心理给报复者的人际交往带来了很大的阻力和压力。想改变这种心理,需要提高报复者自身的自制力,要反思报复结果的危害性,学会宽容。

五、交往困惑

异性交往是很正常的社交活动(图 5-5),同时也是令大学生棘手的社交障碍。有些大学生在不良心理因素的作用下,与异性交往时总感到要比与同性交往困难得多,以至于不敢、不愿甚至不能和异性交往。这些大学生往往不能正确区别和处理友谊与爱情的关系,部分大学生划不清友情与爱情的界限,从而把友情幻想成爱情。大学生本来就处在一个情愫迸发的年龄,对异性的渴望本是正常的事。但由于一些大学生受传统观念的影响,认为男女之间除了爱情就没有其他什么了,使得他们还没有树立起正确的“异性朋友观”,这必然会给大学生异性间的交往带来一定的消极影响。再一个是舆论的影响,有的学校、老师、家长对男女同学之间的交往横加干涉,这势必会加重异性之间交往的困难。要摆脱异性交往的困惑,首先要摆脱传统观念的束缚,要开展丰富多彩的集体活动,因为集体活动有利于男女同学建立自然、和谐和纯真的人际关系,其次要讲究分寸,以免引起不必要的误会。

图 5-5　异性交往是正常的社交活动

大学生人际交往的心理障碍还有社交恐惧、猜忌等方面。

第四节　大学生人际交往问题的调适

上节提到了大学生人际交往的心理问题,其中自卑是因过低评价自己而造成的消极体验,自卑心理的产生源于多种原因,如家庭经济条件、身材长相、学习成绩、才艺特长等。自卑心理致使一些学生在与人交往中出现不自信、敏感、猜疑等现象,害怕、担心别人看不起自己,心情抑郁、压抑。有些大学生用自傲来掩饰自卑的心理,喜欢与人争论,具有较强的攻击性,导致人际关系紧张。本节将探讨大学生常见的人际交往问题的心理调适方法。

一、自卑的心理调适

自卑的人过低地认识及评估自己,而且以为别人也看不上自己,在交往中表现被动、拘谨甚至退缩，对别人的态度、评价又特别敏感。这一类人需要正确认识自卑心理，逐步形成正确的自我认识。当大学生因人际交往的不利而陷入自卑时，可以通过参加活动、倾诉、听音乐等方法来摆脱不良的心境。因为这种方式一方面发泄了自身的不良情绪，同时也或多或少地增加了人际交往的机会，无形中培养了自身人际交往的能力。在校的大学生一定要建立起信心，只有这样，克服人际交往过程中自卑心理的各种措施才能够发挥出最大作用。

战胜自卑主要是树立对人际交往的自信，保持积极的心态，具体有以下两个方面。一是克服自卑，增强自信心。努力发现并牢记自己身上的优点及长处，充满自信地加入人际交往活动中去。二是减少对自身表现的过度关注。在交往中过度关注自己，害怕自己说不好、做不好，反而会使自己的交往能力减弱。在交往时要放开自己的言行，不要过于计较别人的评论，坦然自如地进行社交活动。

二、羞怯的心理调适

羞怯的人不敢大方地与人交往，总是害怕自己出错，在公众场合发言时会特别紧张、害羞，思维易出现紊乱，严重的会出现社交恐惧。存在羞怯心理的大学生需要正确认识到自身不正常的心理问题。对于羞怯心理障碍的排除应当以心理调适为主，可以采用暗示疗法、行为疗法，并且结合有效的社交与技能训练来消除和克服羞怯心理。除此之外，大学生可以多参加集体活动，建立起和谐的人际关系，这有利于避免羞怯心理的产生。

三、戒备的心理调适

大学生应当对戒备心理持正确认识的态度，不需要顾虑重重，产生交往恐惧。当大学生发现自身出现了不适当的心理戒备时，要迅速克制自我，要告诉自己，无端怀疑是不合适的，会给自身的人际关系带来不好的影响。大学生在某些时候需要适当地进行自我暴露，消除自身封闭心理，坦诚地同交往对象透露出自己的一些秘密，这能够促进良好的人际关系的形成，也能够使得自身的心理戒备在一定程度上得到缓解。

四、孤独的心理调适

大学生要克服其孤独心理，首先就要做到开放自我，多与外界进行交流，以诚相待。其次，要大胆地交往，不怕挫折，善于在交往的挫折中、过程中总结经验，吸取教训，增强交往能力。再次，大学生需要多培养自身的爱好与兴趣，有了爱好便有了追求,也就不会感觉到孤独。最后,大学生应当尽量克服自卑情绪,由于自卑导致的孤独就像作茧自缚,不冲破这一层茧,就很难走出孤独。

五、嫉妒的心理调适

大学生在交往中存在嫉妒心理是较普遍的,要克服嫉妒心理,大学生需努力做到:一要清醒地认识到嫉妒心理的危害性,既会对别人有损伤,又贻误了自己。二要正确认识他人的成功。他人的成功并不等于自己的失败,人外有人,天外有天,同学之间应该相互学习,共同进步。三要客观分析自己,要学会扬长避短看到自身的长处,充分发挥自身的优势,同时把适度的嫉妒心化为前进的动力,通过努力赶超他人,才是根本之道。

六、猜忌的心理调适

猜忌是一种由喜欢猜测而产生的不信任心理。一些猜疑心重的大学生对别人总是抱着不信任的态度,认为人人不可信、不可交,对人存在戒心,还会怀疑别人的言谈是不是在说自己的坏话。猜忌是人际交往的"天敌"。

要想克服猜忌,可以从以下几方面入手:一是消除私心杂念。心底无私天地宽,以积极乐观的心态对待交往中的人和事。二是多做了解,加强沟通。出现疑点,不要随意猜测下判语,要主动与怀疑对象交流沟通,澄清事实,消除疑惑。三是学会分析信息。对人际交往中获得的诸多信息要进行认真的、冷静的鉴别,兼听则明,要学会理智分析信息。

此外,大学生在人际交往过程中的常见问题还有完美心理等。

思考与讨论

1. 请思考以下问题:

(1) 你最喜欢和谁在一起?

(2) 你觉得谁最好沟通?

(3) 你最喜欢和什么人共事?

(4) 有开心的事,你最希望和谁分享?

(5) 当你有不开心或郁闷的事时,你希望你有一个什么样的倾听者?

(6) 当对方说话内容很多,或者由于情绪激动等原因,语言表达有些零散甚至混乱时,你能耐心地听完他的叙述,并且给出一定的建议和安慰吗?

2. 通过以上问题的思考，你的脑海里可能已经浮现出一个或者几个朋友的形象，请进一步思考为什么你最喜欢和他/她在一起，为什么你感觉他/她最好沟通，为什么你愿意与他/她分享？

3. 人的一生一直都在寻找重要感，如果你想要制造的是敌人，凡事都要超越他们；如果你想要寻觅的是朋友，让他们来超越你。

每个人找一个同伴，在接下来的两分钟里，讨论任何想要讨论的东西。但是，有一条规则：不能够用“我”这个字。两分钟之后，宣布活动结束并将游戏引向讨论。

请讨论：

(1) 有多少人能够在这两分钟之内持续不用“我”字而一直进行交谈？

(2) 为什么我们中间有这么多人觉得在交谈中避免(过多)使用“我”字会有困难？

(3) 当你和一个每句话都以“我”开头的人交谈(或倾听他的讲话)时，你的感觉是怎样的？

(4) 我们如何调整与他人的交流方式，从而能更好地关注他人？

(5) 如果你在交谈中没有用到“我”字，那么你通常是用什么样的方法做到的？当你处在你平时的生活环境或社交场合中时，你能更熟练地使用刚才的方法吗？

拓展作业——想一想，写一写

- 《说说我最喜欢(信赖)的人》
- 《遇到不喜欢的人或事儿怎么办?》
- 《人际交往中什么让我烦恼(紧张)？我该怎么办?》
- 《在人际交往中，我要提高这些能力》

第六章　恋爱情感

第一节　阿德勒自卑-超越理论

一、基本理论概述

阿尔弗雷德·阿德勒(Alfred Adler,1870—1937)是奥地利精神病学家、人本主义心理学先驱、个体心理学的创始人。阿德勒认为,人格是在战胜自卑和追求优越的过程中形成和发展的。人天生自卑,因为其生下来是弱小、无力的,完全依赖成人,由此产生自卑。但是,正是自卑促使人们去努力克服自卑,追求成功,成为人格发展的动力。但是,若被自卑所压倒,则产生自卑情绪,导致神经症人格,抑郁、悲观、消沉。

人类还有追求优越与完美的倾向。每个人都有相同的追求优越的最终目标。追求优越也是双重性的,适度追求,能促进个人发展,对社会有益;过分追求,走极端,则产生优越情绪,进而以自我为中心,自负、忽视别人和社会习俗、缺乏社会兴趣。个体追求优越,取决于自己独特的环境、不同的生活方式。由此会发展出不同的行为特征和习惯,即所谓的生活风格。

生活风格的发展和自卑感有密切的关系。一个儿童如果有某种生理缺陷或主观上的自卑感,那么他的生活风格将倾向于补偿或过度补偿那种缺陷或自卑感。例如,身体瘦弱的儿童可能会有强烈的愿望去增强体质,因而锻炼身体、跑步、举重,这些愿望和行为便成为他生活风格的一部分。生活风格决定了我们对生活的态度,形成了我们的行为模式。

二、主要的社会人格

1. 支配-统治型(Dominant-Ruling Type)

这一类型的人倾向于支配和统治他人,缺乏社会意识,很少顾及他人的利益。他们追求优越的倾向特别强烈,不惜利用或伤害别人以达到自己的目的。他们需要控制别人从而感到自己的强大和有意义。在儿童期,他们在地板上打滚、哭闹,希望父母屈从于他。作为父母,他们又要求孩子服从,说:“因为我说了要这样。”作为教师,他们威胁学生说:“如果你不这样做,那你就去校长办公室。”这样的人容易发展成虐待者、违法者和药物滥用者等。

2. 索取型(Getting Type)

这种类型的人相对被动,很少努力去解决他们自己的问题,依赖别人的照顾。许多富裕的父母对孩子采取纵容的态度,尽量满足孩子的一切要求,以使他们免受“挫折”。在这种环境下成长的孩子,很少需要努力做事,也很少意识到他们自己有多大的能力。他们对自己缺乏信心,总希望周围的人能满足他们的要求。

3. 回避型(Avoiding Type)

这样的人缺乏必要的解决问题或危机的信心,不想面对生活中的问题,试图通过回避困难来避免任何可能的失败。常常是自我关注的、幻想的,在自我幻想的世界里感受到优越。

4. 社会利益型(Social Useful Type)

这样的人能面对生活,与别人合作,能为他人和社会服务,贡献自己的力量。他们常常生长于良好家庭,家庭成员相互帮助、支持,人与人之间彼此理解和尊重。

在上述四种生活风格中,前三种是适应不良或错误的,只有第四种才是适当的。

三、影响不良生活风格形成的因素

(1)生理自卑。生理自卑可能激起积极的补偿(努力)或过度补偿,但也可能导致不健康的自卑情绪,被自卑感所压倒,一点也不追求成就,一事无成。

(2)溺爱或姑息。父母过分宠爱孩子,过多满足孩子的需要。这种孩子是家庭的中心,长大后会变得自私自利,缺乏社会兴趣。

(3)忽视。父母和成人无视儿童的愿望,缺乏必要的关注,使儿童感到自己毫无价值,也引起他们的愤怒,并使他们以怀疑的眼光看待别人。

儿童生活风格的形成和发展有赖于他们的生活经历和环境。克服自卑和追求优越影响着生活风格的形成,模仿也是生活风格形成的主要途径之一。儿童往往把自己所处环境中最强有力、有影响和感染力的人作为自己的模仿对象,如父母、老师和好友等。生活风格的发展主要取决于儿童与社会的交互作用。

根据阿德勒的观点,儿童碰到的最初的社会环境是家庭,在家庭中与母亲的接触和母子关系的发展形成了将来与他人关系发展的基础。如果母亲采取一种积极、合作的态度,孩子就倾向于形成社会兴趣。如果母亲把孩子紧紧束缚在自己的身边,那孩子就容易将他人排斥在自己的生活之外,形成较低的社会兴趣。母子早期的交互关系,会影响甚至决定儿童将来能否以健康坦诚的态度对待他人。

四、创造性自我

在阿德勒的理论中还有一个重要观点,即创造性自我(Creative Self)。他认为,人不是环境或遗传影响的简单消极的接受者,相反可以有目的的生活,都有机会选择生活方式。例如,某些有生理自卑的人经过补偿成长为对社会有益的人,而有的人形成自卑情绪,一事无成。他们之间的差别在于选择,用阿德勒的话说:"正是他对生活的态度,决定了他与外部世界的关系。"

阿德勒的理论是积极的,丰富了我们对人格发展的认识。与弗洛伊德强调无意识欲望,特别是性的欲望以及俄狄浦斯情结(恋母情结)在人生中的作用不同,阿德勒特别强调个体的主观选择和创造性,注重人对目标、理想的追求,并对人持乐观的态度。这一点对当代人本主义心理学的产生和发展有重大影响。另外,他既注重探索人的主观世界,同时又注重人与自然、社会的关系,强调了遗传和环境对人格形成的双重作用。其人格心理发展的观点有明显的社会倾向,即"生活的意义是对同伴发生兴趣,作为团体的一分子,并对人类幸福贡献出自己的一分力量"。

五、阿德勒人格理论的局限之处

首先,他从自身童年的经历出发,过分强调自卑对人格发展的作用,认为自卑贯穿于人的发展的全过程,这无疑带有很大的片面性。这正应了他自己所说的一句话:"他们的观点是依据他们个人的经验而定的,对某些人,他们之间有关联,对其他人则不是。"其次,阿德勒虽然重视人格的统一整体性,但他忽视对人格结构及其内在矛盾的分析,把人的发展简单化。最后,阿德勒虽然重视社会环境对人的影响,但他所说的环境实际上仅指家庭环境,而没有看到社会环境对人的发展的巨大影响。

第二节　大学生恋爱的特点

一、恋爱动机简单化

许多大学生在恋爱中没有过多考虑将来能否走入婚姻,不会清楚地、自觉地意识到应选择一个终身伴侣,他们看重恋爱的过程,轻视恋爱的结果,他们恋爱是因为需要爱和被爱,多是出于本能的喜欢和吸引,“不求天长地久,只求曾经拥有”是大学生较普遍的一种心理。还有一部分大学生恋爱是出于从众或虚荣心理,把恋爱当作一种充实课余生活、解除寂寞、填补空虚的手段,由此可以看出大学生恋爱心理还不太成熟,对感情缺乏深刻的认识。

二、好奇心较重,存在试试的想法

当代大学生正处于青春期后期,生理机能基本成熟,心理机能趋于成熟,精力充沛,渴望与异性交往。在中学时学习压力较大,这些生理和心理特点未充分显示出来,而在大学期间,主体意识发展了,个体发展必然会在个人生活中得以体现,对异性的渴望使之在心理上产生了好奇,想试一试探究异性之间的秘密,在恋爱观上表现出不负责任的态度,仅仅停留在爱情的表层好奇与渴望,没有想到恋爱之后的后果和将来的发展。

三、思想上不成熟、不稳定,易出现矛盾冲突

大学生之间确立恋爱关系以后,经常会出现争吵的现象,这是由于互相猜疑和不理解、不包容所导致。当代大学生多为独生子女,从小受到家里人和周围人的关心和宠爱,不允许自己受一点伤害,两个人在一起的时候,思想上往往更多的是索取。当对方的举动、语言或是行为有不当之处时,就会毫无顾忌地开始争吵,这是恋爱观不成熟的表现,同时也是对另一方不信任的表现。

四、自控力与耐挫力较弱

女大学生一旦陷入热恋之中,往往不善于控制自己的情感,任感情随意放纵,缺乏理智的驾驭能力,对恋爱对象过分依赖,稍有波折就痛苦万分,一旦恋爱受挫,即会情绪失控,无法自拔,对学习造成严重影响。由于缺乏成熟的相处经验,很多大学生不能迁就对方,不能从容理智地处理爱情进程中遇到的各种问题。可见,摆正学业与爱情的关系,正确处理感情中遇到的问题,是恋爱中的大学生迫切需要学习的。

五、恋爱理性与感性并存

大学生在选择自己的恋人时,既有感性的冲动,又有理性的思考,将两人相处是否快乐列在重要位置。而对未来生活的规划显得心理准备不足,当面临职业选

择等人生重大课题时，恋人之间常因不能长相守而劳燕分飞。大学生面临自身发展的压力，如考研、就业、经济、学业、人际关系等，而恋爱需要大量的心理能量。学业压力、成长压力特别是性压力，对恋爱的双方都是巨大的心理与意志考验。

六、爱情的不成熟性与不稳定性

当前大学生的恋爱呈现低年级化、人数上升趋势。大一就开始谈恋爱的已不是个别现象，有的学生甚至一进校就谈恋爱。这些低年级学生由于社会阅历浅、思想单纯，很多学生对于自己的人生目标和需要还没有一个很清楚的概念，造成在对待恋爱问题时思考简单、不成熟。

在择偶标准上，大学生往往重外表、轻内在。在恋爱方式上，往往重形式、轻内容。在恋爱行为中，往往重过程、轻结果；重享乐、轻责任。这种在恋爱问题上的不成熟性，加之在就学期间经济上尚未独立，恋爱过程中感情和思想易变，缺乏妥善处理恋爱中情感纠葛的能力，极易造成大学生恋爱的中断，或对恋爱对象的选择摇摆不定。

在失恋的问题上，绝大多数大学生都能理智对待，安全度过这一心理阴暗期，多数大学生通过“找朋友诉说”，或“理性思考”处理失恋问题，对自己和对方采取宽容的态度，尊重对方的选择。但仍有一部分学生摆脱不了“情感危机”，有的失去信心，放弃对爱情的追求；有的一蹶不振，自暴自弃，认为一切都失去了意义；有的视对方如仇人，肆意诽谤，甚至做出极端行为伤害对方。所以大学生需要了解一些爱情常识，学会用成熟的心态面对自己感情上的问题。

七、只在乎恋爱的过程

当代大学生的心理大多都存在着这样的想法：两个人在一起，开心一天是一天。很多大学生带着这样的心理与异性进行交往，把恋爱当成“爱的初体验”和“充实大学的生活”，而不是为了将来组建家庭。两个人在一起想的是如何浪漫地度过每一天，在毕业之前，很坦然地提出分手，理由也自然是相当简单，“我对你已经没有感觉了”“我们俩不合适”这就是大学生的一种新型的恋爱观：在乎爱的过程，轻视爱的结局。

八、道德观念淡化

长期以来，中国的传统道德对大学生产生了深远的影响，但随着西方思想的侵入，大学生接受新思想的速度极快，开放的思想对一些大学生的“性”及婚姻观产生了影响。在这种新思想的影响下,大学生在理智与情感方面处于矛盾的旋涡,性的观念逐渐开放起来,而忽视了结果和道德。加之生理和心理的原因,出于对"性"的好奇便大胆尝试,但在尝试之后往往面对的是尴尬和无尽的悔恨。

第三节　大学生的恋爱挫折

对于爱情,每个人都希望在经历甜蜜的恋爱之后有个幸福的结局,但并不是所有的爱情都会有预期收获,能够走到天长地久。在恋爱中也会有坎坷,有挫折。大学生应该要学会去应对和调适恋爱中的挫折和坎坷,培养和提高自己爱的能力。恋爱挫折主要表现为三种形式。

一、单恋

在爱情中如果只是一方倾慕于另一方,而另一方完全不知道,或者对方完全不予理睬,那么这种感情就不能称之为爱情,只能称为"单相思"或单恋。单恋并不能称为爱情,这样的感情只会让自己平添烦恼(图 6-1)。单恋有时是自己的一时冲动,所以首先要冷静下来,理性地思考自己的这种感情。同时细心观察对方对自己是什么感觉,如果对方对自己的感觉不是爱情,那就应该学会将自己对对方的感情进行转移,比如说转移到学业上,转移到其他的人际交往中,或者转移到其他的目标上去,以另一种可能成功的活动来代替这种感情,从而获得心理宽慰。

图 6-1　令人烦恼的单恋

二、多恋

爱情具有专一性和排他性,它一般是发生在两个人之间的感情。在恋爱的过程中需要双方都能够自觉地承担起相应的责任,同时有相应的道德约束。如果一个人同时喜欢上两个或者两个以上的异性并保持恋爱关系,或者同时接受两个或者两个以上异性的追求,就是"三角恋爱"或"多角恋爱"。有的大学生把多角恋爱视为自己能力的展现、魅力的释放而引以为荣;也有极个别学生视爱情如游戏,以满足私欲或达到报复他人的目的。

面对这样的状况，作为大学生应该要保持高度的冷静和理智。傲慢和自卑、怀疑和妒忌、讽刺和狡诈，都不是正确的态度。要慎重地审视自己与恋人之间的恋爱关系。当自己的恋人对他人产生了恋情，尽管很痛苦，但应该学会与对方坦诚交谈，做出抉择。另外，在必要的情况下，要懂得“急流勇退”。如果发现自己闯进了别人的情网，或者发现与所爱的人的关系不可能发展下去，应该鼓起勇气，积极地抽身出来。这看似消极，实为解决多角恋关系的一种积极策略。

三、失恋

有恋爱就有可能失恋。当恋人之间因为社会现实、他人干预、情意不和等因素而感情破裂时，失恋的挫折就会严重影响大学生的心理、生活和正常的学习活动。恋爱关系断裂，一下子失去了自己最亲密的人，对大多数人来说是痛苦的。失恋者经常表现出逃避现实，缩小人际交往圈，在精神生活上既折磨自己，又影响周围人的情绪，有人甚至向前任恋人进行行为或心理上的报复。失恋的创伤有时会带来严重后果，如自杀、伤害他人等。

其实爱情并不是生活的唯一，不能为它耗费所有精力甚至放弃生命。失恋者可以向他人倾诉自己的内心烦恼，倾吐内心的郁积情绪，缓解失恋的伤害。另外也可以适当应用心理保护机制，进行心理的转移，从而减轻痛苦。比如把热情投入到学业中去，在紧张的学习中逐渐减轻失恋对自己的影响。

综上所述，大学生树立正确的恋爱观是解决大学生恋爱问题的根本所在。大学生的恋爱观正确与否，关系到大学生能否健康成长、顺利成才，因此，大学生应该树立正确的恋爱观，拥有健康的恋爱心理。

第四节　大学生失恋的调适

大学期间的恋爱常常是很脆弱的，而且大学生的思想还不够成熟，所以大学生失恋时容易遭受沉重的打击。恋爱是一把双刃剑，相爱时是幸福的，能够给你带来美好的情感体验，但失恋时也会让你痛苦万分。但无论怎样，失恋都已经成为现实，寻找正确的面对方法才是重要的。

一、降低失恋带来的影响，避免犯错

都说爱一个人越深，失去后就会恨得越深。当两人真心相爱时，会全身心地投

入对方身上，时间、精力、金钱。然而当对方不爱你了，转身离去，你感觉所有的依靠都没有了，仿佛你的世界就只剩下了你。孤单、绝望、悲伤、心痛是失恋后都会有的情绪，这些负面情绪会影响你的想法，从而影响你的判断。有的人不会做出错事，但有的人会被仇恨蒙蔽双眼，做出报复前任的行为。

一时沉沦失恋后的痛苦中无法自拔，抛弃了学业和生活，甚至做出违法乱纪的行为，将斩断自己的大好前程。这些都是失恋可能带来的影响，年轻人都要有所了解，以此来警示自己勿犯错误。

二、进行自我调节，尽快恢复

其实恋爱失败是很正常的，并不是什么大事，最重要的是学会调节。一个人的成长肯定会经历一定的挫折，感情上的挫折也是其中的一种，如果能够进行自我调节，就没有多大的问题。

自我调节也很简单，就是对于之前那段感情重新进行审视，两个人没能走到一起一定有原因，这个原因可能是别人的原因，想通了这些问题，心里就不会有太多的纠结，心态也会慢慢地变好。

爱情固然很重要，但并不代表爱情是生活的全部。爱情只是生活中的一部分，有了爱情的生活可以更甜蜜，但失去爱情的生活并不会变得黑暗。所以要明白，你的世界除了有爱情，还有亲情和友情。当你失去爱情后，不妨将心思多投入到其他事情上，将失恋的痛苦升华为学习中奋发向上的一种动力。

三、学业为重，丰富自己的生活

大学生如果遭遇了失恋，可以尝试把注意力放在学业上，如果在大学期间不想再谈恋爱了，那就先把学业搞好。有很多大学生陷入了一种误区，即失恋后没有及时调整状态，所以把学业都荒废了，导致毕业后找的工作也不太好。其实学生还是应以学业为重，这是非常重要的。

对于失恋带来的负面情绪，应该找些合理的方式适当发泄，如运动、唱歌、找合适的朋友谈谈心，等等。另外，还可以多参加交际活动，多交朋友，丰富自己的生活，或许下一段动人的爱情故事就会发生。

四、树立正确的恋爱观

现在有很多人没有正确的恋爱观，所以才会导致谈恋爱的过程当中遭遇一些问题，或者在遇到失恋的情况时出现过激的表现。大学时期的恋爱往往比较懵懂，恋爱双方对爱情没有很成熟的看法,但树立了正确的恋爱观,就会呈现出不一样的效果,即使失恋了,也不会有长时间难以自拔的问题。

大学生正确的恋爱观念需要逐渐培养。有很多大学生在恋爱过程中会扭曲自己的恋爱观,进而产生过激行为。要知道,恋爱不是强迫性的,应在双方自愿的基础上,营造一个好的环境氛围,这才是正确的做法,双方才会有更好的未来。

思考与讨论

◆ 我喜欢这样的人

闭上眼睛,想象一下你心目中她(他)的样子,描绘一下你理想的恋爱对象。

◆ 我要对你说

对你爱的人或爱你的人说出心里最想说的话,也可以写下来。

◆ 我在恋爱

可以写一下你的恋爱故事,也可以写写恋爱中的困惑和烦恼。

◆ 我是单身

写写你的想法、打算和对大学生恋爱的看法,也可以写写别人的故事,因为看别人怎么做是为了我们自己能做得更好。

拓展作业——想一想,写一写

◆《我理想中的恋人》

◆《有喜欢的人,我要主动去追求吗?》

◆《我和我的恋人总吵架怎么办?》

◆《父母不喜欢我的恋人怎么办?》

◆《我能从失恋中走出来吗?》

第七章 职业规划

第一节 加德纳多元智能理论

多元智能理论是由美国哈佛大学教育研究院的心理发展学家霍华德·加德纳(Howard Gardner)于1983年提出的。多元智能理论将智能定义为人在特定情境中解决问题并有所创造的能力。加德纳认为我们每个人都拥有八种主要智能。

一、语言智能

语言智能主要是指有效地运用口头语言及文字的能力,即听说读写能力,表现为个人能够顺利而高效地利用语言描述事件、表达思想并与人交流。这种智能在作家、演说家、记者、编辑、节目主持人、播音员、律师等职业上有更加突出的表现。

二、数理逻辑智能

从事与数字有关的工作的人特别需要能有效运用数理逻辑智能。他们学习时靠推理来进行思考,喜欢提出问题并进行实验以寻求答案,寻找事物的规律及逻辑顺序,对科学的新发展有兴趣。他人的言谈及行为也是他们寻找逻辑缺陷的好地方,对可被测量、归类、分析的事物比较容易接受。

三、空间智能

空间智能强调人对色彩、线条、形状、形式、空间及它们之间的关系的敏感性,指人感受、辨别、记忆、改变物体的空间关系并借此表达思想和情感的能力,表现为对线条、形状、结构、色彩和空间关系的敏感,以及通过平面图形和立体造型将它们表现出来的能力。具有这一能力的人能准确地感觉视觉空间,并把所知觉到的表现出来。这类人在学习时是用意象及图像来思考的。

空间智能可以划分为形象的空间智能和抽象的空间智能两种能力。形象的空间智能为画家的特长。抽象的空间智能为几何学家的特长。建筑学家形象和抽象的空间智能都擅长。

四、运动智能

运动智能主要是指人调节身体运动及用巧妙的双手改变物体的技能。表现为能够较好地控制自己的身体,对事件能够做出恰当的身体反应,以及善于利用身体语言来表达自己的思想。运动员、舞蹈家、外科医生、手艺人都有这种智能优势。

这类人善于运用整个身体来表达想法和感觉,以及运用双手灵巧地生产或改造事物。他们很难长时间坐着不动,喜欢动手建造东西,喜欢户外活动,与人谈话时常用手势或其他肢体语言。他们学习时是透过身体感觉来思考的。

五、音乐智能

音乐智能主要是指人能够敏感地感知音调、旋律、节奏和音色等能力,表现为个人对音乐节奏、音调、音色和旋律的敏感以及通过作曲、演奏和歌唱等表达音乐。这种智能在优秀的作曲家、指挥家、歌唱家、乐师、乐器制作者、音乐评论家等人员那里有出色的表现。

六、人际交往智能

人际关系智能是指能够有效地理解别人及其关系,以及与人交往的能力,包括四大要素:

(1)组织能力,包括群体动员与协调能力。

(2)协商能力,指仲裁与排解纷争能力。

(3)分析能力,指能够敏锐察知他人情感动向与想法,易与他人建立密切关系的能力。

(4)人际联系,指对他人表现出关心,善体人意,适于团体合作的能力。

七、内省智能

内省智能主要是指认识到自己的能力,正确把握自己的长处和短处;把握自己的情绪、意向、动机、欲望;对自己的生活有规划,能自尊、自律;会吸收他人的长处;会从各种回馈管道中了解自己的优劣,常静思以规划自己的人生目标;爱独处,以深入自我的方式来思考;喜欢独立工作,有自我选择的空间。这种智能在优秀的政治家、哲学家、心理学家、教师等人员那里有出色的表现。

内省智能可以分为两个层次:事件层次和价值层次。事件层次的内省指对于事件成败的总结。价值层次的内省是指将事件的成败和价值观联系起来自审。

八、自然观察智能

自然观察智能是指能认识植物、动物和其他自然环境(如云和石头)的能力。自然观察智能强的人,在打猎、耕作、生物科学上的表现较为突出。自然观察智能应当进一步归结为探索智能,包括对于社会的探索和对于自然的探索两个方面。

综上所述,根据加德纳的多元智能理论,作为个体的每个人都同时拥有相对独立的八种智能,但每个人身上的八种相对独立的智能在现实生活中并不是绝对孤立、毫不相干的,而是以不同方式、不同程度有机地组合在一起。正是这八种智能在每个人身上以不同方式、不同程度组合,使得每个人的智能各具特点。

第二节　大学生职业规划要点

一、职业规划的含义

职业规划是对职业生涯乃至人生进行持续的系统的计划的过程,它包括职业定位、目标设定和通道设计三个要素。职业规划也叫“职业生涯规划”。

根据中国职业规划师协会的定义,大学生职业生涯规划是指学生在大学期间进行系统的职业生涯规划的过程,它包括大学期间的学习规划、职业规划。职业生涯规划直接影响到大学期间的学习生活质量,更直接影响到求职就业甚至未来职业生涯的成败。从狭义的职业生涯规划的角度来看,此阶段主要是职业的准备期,主要目的是在于为未来的就业和事业发展做好准备。客观而言,进行系统的学习和实践至关重要,而能够担此教育重任的人应该具备丰富的职场经验并接受过系统的职业生涯辅导训练。

二、职业规划的原则

1.喜好原则

只有要做的这件事情是自己喜欢的,才有可能在碰到强大对手的时候仍然坚持;在遇到极其困难的情况时不会放弃;在有巨大诱惑的时候也不会动摇。

2. 擅长原则

做你擅长的事,才有能力做好;有能力做好,才能解决具体的问题。只有做自己擅长的事情,才能做得比别人好,才能在竞争中脱颖而出。

3. 价值原则

你要认为这件事够重要,值得你做,否则你再有能力也不会开心。

4. 发展原则

首先你得有机会去做,还要有足够大的成长空间,这样的职业才有发展前途。

综上所述,如果一个人做自己最喜欢的同时也是最擅长的事情,而且觉得这件事最有价值,那么成功的概率会很大;如果这件事情还很有发展前途,那么就可以获得更长久的成功。所以,要想获得职业生涯的真正成功,坚持这四条原则非常重要。

三、职业规划的步骤

要做好职业生涯规划就必须按照职业生涯设计的流程,认真做好每个环节。职业生涯设计的具体步骤概括为以下几点。

1. 认清自我

择业首先要认识自我,了解自己的性格、气质以及能力、兴趣、特长,给自己恰当的认知和定位,搞清适合干什么、能干什么,从而确定大致的选择方向和范围。其次,必须明确职业价值观,即确定自己在职业中最看重什么。工作是为了赚钱,还是希望有个良好的发展空间,或是为将来的长远发展积累经验和技能?在确定阶段性目的和价值取向之后,才会有一个相对明确的求职方向和目标。只有明确了自己的择业标准,才能避免择业时的盲目。

2. 解读职业

对自己想从事的职业要进行深入的分析,了解该职业所需的专业训练、能力、年龄、性格特点等要求,明晰职业的性质、工作环境、福利待遇以及发展空间和就业竞争机会。除此之外,还要清楚公司文化和人文环境。这样就不会在费尽心思找到工作后,因为与自己的期望相差甚远而放弃工作机会。有调查数据显示,职场新人总是频繁地更换工作单位,许多人或以薪资作为参考,或以环境舒适度为指标,很少有人从行业发展现状、优劣势、发展前景预测等出发,理性而全面地思考问题,最终导致个人得不到长远发展。

3. 准确定位

大学生求职难的真正原因在于，他们不能为自己确立一个清晰的职业定位，不能给自己制定一个长远的职业规划。有专家认为，大学生应该先解决职业规划这个根本问题，然后再寻求专业包装以获得更好的职位。如今有很多大学生选择通过专业机构来包装自己，增加自己求职时的砝码，请专家帮自己确立职业定位，制定大学生职业规划，从根本上解决就业难问题。另外也有一些大学生选择参加相关的职场特训。

4. 锁定目标

通过前面三个步骤后，需要根据自己的特点和现实条件，确立职业生涯目标。也就是说，顺利找到职业定位后，需要对自己过往的实习经历或工作经验进行认真梳理，在此基础上，便能够锁定就业范围，比如在哪些行业、哪些职位上，自己的能力将得到最大最顺利的展现和发挥。当你的求职目标变得有的放矢时，你的求职行动就会变得更加有成效。思考之后的行动，更能体现其价值。

5. 确定方案

确认了就业范围，还需要为自己制订一个可操作的短期计划。对于缺乏工作经验的大学生来说，找到进入职场的机会是当前的首要任务。这时要学会积极主动地寻求帮助，用好身边的人脉资源，尽早接触社会，寻找各类工作机会，最好能通过熟人推荐工作，这样的成功率往往最大。同时要注重学习能力的培训与提升，不单单是专业领域的技能，而是多个领域都可能用到的技能和素质，包括自信心和与人沟通、团队合作、分析问题、解决问题、应对挫折、管理时间等方面的能力，这些技能和素质的增强，有助于提升求职成功率、在职场的适应程度等。

第三节 大学生职业方向规划

一、国内深造

继续深造，可以提高自身的学历层次，增强下一步就业的竞争能力，拓展职业发展空间。但是，也应该清楚地意识到，继续深造是需要付出很多代价的，需要有勤奋耐劳、刻苦钻研、不畏艰险的精神和毅力，需要有良好的身体和心理素质，而且毕业时同样要面对就业压力。所以，选择国内继续深造，面对日益升温的考研热潮,一定要从实际出发,综合自己的优势,充分评估自己的实力。如果自己确实没有继续深造的竞争优势和实力,千万不要盲目加入考研一族,错过现有的就业机会;更不要因为害怕面对今天的就业压力而退缩,让就业机会从自己的身边溜走。

二、留学深造

去国外留学深造,既长见识,又能进一步提高自己的智商和情商,的确是一条不错的发展路径。不过条条大路通罗马,选择这条路,首先还是要符合自己的实际情况。毕竟出国留学要远离亲人、远离祖国,除受到经济条件、外语水平等客观因素的限制外,需要你有更大的心理承受力,这不是每个人都适合的选择。事实上,出国留学并不难,难的是你是否对自己未来的职业行程进行了有效的规划。从最近几年出国留学归来人员的发展情况看,并非所有的海归人员都能在国内一展身手,有些人虽然有了海外留学的背景,却在国内一事无成,不但没有体现出一个海归人员应有的价值,反而还不如没有出过国的大学毕业生有作为。所以,出国留学仅仅是你选择职业生涯发展的一条路径,是职业开始的第一步,关键在于你要有明晰的职业生涯规划,明确通过这一步怎样成就你未来的职业发展。

三、自谋职业

随着就业压力的不断增大,越来越多的高校应届毕业生愿意毕业后自谋职业,直接参加工作。如果你的职业规划也是从这一路径开始,那么你就要提前做好求职的充分准备,将自己的择业与社会需要、个人优势、自我成长、社会就业形势、未来目标等紧密结合,明确自己的起点,准确选择好求职的行业、地区和层次,注重与自己的职业能力、职业素质相匹配,做好求职的心理准备,有针对性地积极参加各种类型的招聘会,抓住机会及时就业。

四、自主创业

在大学毕业生的职业规划中,自主创业这一选择正在悄然兴起,成为一条引人注目的就业之路(图7-1)。前不久,某学院正在举行一场毕业生招聘会,会上出了一件新鲜事:该校即将毕业的机械设计制造及自动化专业的大四学生张飞(化名)作为招聘企业的负责人,在展台前面试起了自己的同学。一直都是网络爱好者的张飞在朋友的资助下,注册了一家网络科技有限公司,自己担任总经理。他为同学提供了网页设计师、客服代表等五个工作岗位。像张飞一样,如今自主创业已经成为许多大学生职业生涯规划中迈向成功的第一步。

大学毕业生自主创业不仅解决了自身的就业问题,而且还能为他人创造更多的就业机会。这已经成为国家和地方各部门重视和鼓励的一条重要就业路径。国家和各相关部门不仅出台了相应的配套政策,而且频繁举行全国性或地区性大学生创业大赛,建立大学生创业实习基地,设立大学生创业基金,为大学生自主创业打开了方便之门。

图 7-1　自主创业是大学生重要的就业方向之一

五、灵活就业

灵活就业(或称弹性就业和非正式就业)是指在劳动时间、收入报酬、工作场地等方面有别于传统的标准全日制就业形式的各种就业形式的总称。大学毕业生群体中最具代表性的灵活就业形式是 SOHO(即 Small Office Home Office,特指那些在家办公的自由职业者)。选择这种灵活就业方式的大学生人数正在逐渐增加,并越来越受到青睐。

第四节　对大学生职业规划的建议

一、要牢记总书记的话

2014 年 5 月 4 日 ,习近平总书记在北京大学同师生代表座谈时,就提出“勤学、修德、明辨、笃实”八字要求:

一是要勤学,下得苦功夫,求得真学问。

二是要修德,加强道德修养,注重道德实践。

三是要明辨,善于明辨是非,善于决断选择。

四是要笃实,扎扎实实干事,踏踏实实做人。

2018 年 5 月 2 日 ,习近平总书记再次来到北京大学同师生代表座谈时,又向青年提出了四点希望:

一是要爱国,忠于祖国,忠于人民。

二是要励志,立鸿鹄志,做奋斗者。

三是要求真,求真学问,练真本领。

四是要力行,知行合一,做实干家。

2018 年 7 月,习近平总书记在中南海同团中央新一届领导班子成员集体谈话并发表重要讲话,提出了“勤学、修德、明辨、笃实,爱国、励志、求真、力行”十六字箴言。

二、努力成为“十”字形人才

中国社会科学院邹东涛教授提出了“十”字形人才概念。他认为,人才分为四种类型:

一是“一”字形人才,这种人才的知识面虽然比较宽,但缺乏深入的研究和创新。

二是“1”字形人才,这种人才在掌握某一项专业知识方面比较深,但知识面太窄。

三是“T”字形人才,这种人才虽知识面比较宽,有一定的专业知识,但弱点是不能冒尖,缺乏创新。

四是“十”字形人才,这种人才既有较宽的知识面,又在某一领域有比较深入的研究,更重要的是敢于出头、冒尖,有创新意识。“十”字形人才就是创新型人才,这种创新是建立在各种学科的融合和渗透的基础上的。高层次的自然科学人才,应具有较高的人文社会科学素养。高层次的人文社会科学人才,也应具有较高的自然科学素养。

三、针对职业规划进行深入的思考

(1)我想成为怎样的人?

(2)我想过怎样的生活?

(3)我的兴趣是什么?

(4)我适合做什么?

(5)我的技能是什么?

(6)我的可用资源是什么?

(7)我的理想职业是什么?

对于专业技术人员,职业目标实现的要点有:过硬的专业能力、良好的心理素质、与人协作的团队精神、踏实肯干的敬业精神、不畏挫折的奋斗精神。

四、针对职业目标提高自控力

心理学家经过长期的研究发现,人与人之间的智商并没有明显的差别,但有的人之所以成功,有的人之所以未能成功,与各自的情商有密切关系。情商的要素之一就是人的自控能力,从某种意义上讲,情商表现的是人们通过控制自己的情绪来提高生活品质的能力,即如何激活自己的潜能,如何克制自己的情绪冲动,如何使自己始终对未来充满希望,如何针对职业目标不断提高自控力等。

思考与讨论

- 我想过这样的生活
- 我要成为他那样的人
- 我想从事这样的工作
- 我想去这个单位
- 我想保研
- 我想考研
- 我想出国留学
- 我想创业

拓展作业——想一想,写一写

- 《大学要完成的十项任务清单》
- 《十年后的我写给现在的我的一封信》
- 《享受学习,享受工作,享受生活》
- 《我的职业梦想与规划》
- 《人生能有几回搏?》
- 《我最崇拜的那些人》

第八章　典型问题及热点话题

本章一部分内容选自网络平台上专家学者们的研究成果和大学生朋友们的发帖，另一部分内容是从“大学生情感与心理调适”课程教学中选取的实例。为保护学生的隐私，涉及家乡、年级、专业、姓名等信息的都进行了处理。感谢提供宝贵案例的所有学生。在编写的过程中，如有不当之处，敬请指正。本书选取和引用的所有文字和实例，仅供教学分享和使用，请涉及的专家学者和学生能够理解和支持，特别感谢。

第一节　自　　卑

笔者在教学实践中发现，自卑在大学生中普遍存在，因为长相自卑，因为家庭条件自卑，因为个人能力和成绩不理想自卑等。这主要是因为处于青年中期阶段的大学生进入大学后，学习和生活环境都发生了剧烈变化，学习的紧张、竞争的激烈、生活的单调、人际交往的矛盾、理想与现实的反差，以及严峻的就业形势给大学生的心理造成了巨大压力，使他们的心理变得越发自卑、脆弱和敏感。此外，青年期是最不知忧愁的时期，也是忧愁最多的时期；是最不知天高地厚的时期，也是最容易消沉自卑的时期。大学生是时代的幸运儿，也是青年中的佼佼者。他们有较强的自信和自尊，然而也有相当一部分人存在着不同程度的某种自卑。下面就是关于自卑的一些实录，看看你能否感同身受。当发现自卑的不只你一个人时，也许有助于你进行心理调适，尽快走出自卑的怪圈。

一、自卑的常见表现

自卑，顾名思义就是自己瞧不起自己，是一种消极的情感体验。在心理学上，自卑属于性格的一种缺陷，表现为对自己的能力和品质评价过低。自卑和自满正好是两种完全相反的心理品质，却都是年轻人常有的心理表现。自卑的前提是自尊，当人的自尊需要得不到满足，又不能恰如其分、实事求是地分析自己时，就容易产生自卑心理。一个人形成自卑心理后，往往从怀疑自己的能力到不能表现自己的能力，从怯于与人交往到孤独地自我封闭。本来经过努力可以达到的目标，也会因认为“我不行”而放弃追求。自卑的人看不到人生的光明和希望，领略不到生活的乐趣，也不敢去憧憬美好的明天。

一般来说，大学生的自卑感主要表现在三个方面：一是过低评价自己的智力。如一旦成绩不好，就认为自己不是读书的料。二是过低评价自己的能力。如有的大学生认为自己表达能力差，怕说不好或表达不出，而看到口若悬河的人又自叹不如，因此在众人面前不敢发言，变得更加自卑。三是过低评价自己的意志力。如不相信自己能克服弱点（如胆怯、敏感、多疑等）而逐渐形成自卑自谅的性格。

笔者在教学实践中接触过一些容易自卑的学生，他们往往个性偏内向、孤僻，较难适应外部环境，担心说错话，做错事，不愿意参加班级活动，人际关系处理不好。他们经常觉得自己什么都不好，自己总是不如他人，总是感觉自己处在紧张、焦虑、心情压抑之中，觉得自己很失败。这类学生的精神状态不好，会经常性情绪低落，也会出现食欲不佳、睡眠不好的情况，有的沉迷于网络，学习和生活受到一定影响。

通过跟踪分析，这类学生的父母往往对孩子期望过高，要求严格甚至严厉，而学生也从小要强，学习特别认真，业余时间也多忙于看书，接触同龄人较少。特别是到了高中以后，当学习成绩明显不如以前那么突出或高考成绩不理想时，心理压力会加大，自尊心受到打击。上大学之后，他们很想在别人面前表现自己，但表现的同时又感到紧张和不好意思。当竞选班级干部、社团干部等没有成功，自己提出的意见也不被宿舍成员采纳时，感觉在大学里找不到自己的位置，变得更加自卑。

二、大学生产生自卑的主要原因

1. 身体上和生理上的因素

有的学生自觉身材矮小、体形不美、外貌不佳，或是生理上有某些缺陷而产生自卑。那些有生理缺陷的学生，虽比正常人经历了更多的磨难，但他们的内心敏感脆弱，因此很容易产生自卑感。但在大学生中，由于此类原因而产生自卑的人数较少。

2. 能力上的因素

有些大学生在中学时期是班上的佼佼者，有较强的自尊心和优越感。但当他们进入大学校园后，就会发现“强中自有强中手”，忽然觉得自己变得渺小、无能，自己已没有赢得别人尊重的本钱,于是产生了极强的失落感,原来的优越感一下子变成自卑感。对于大多数大学生来说,往往是由于这方面的原因而产生自卑。特别是大学新生,由此引起自卑的更多。

3. 家庭经济因素

部分学生由于家境贫寒、生活困难,与别的同学相比觉得自己家庭经济条件实在太差而感到自卑。近几年来,由于这方面原因引起自卑的学生人数有增加的趋势。这可能与社会上一些人过分强调金钱的作用,追求物质享受,以赚钱多少来衡量一个人成功与否的不良倾向有关。这点值得大家注意。

4. 挫折因素

大学生有着强烈的自尊心和好胜心,事事都争强好胜、不甘落后,对自己的声誉和社会地位极为看重,希望得到别人的尊重。如果在学习上、生活中屡次落后,自尊的需要得不到应有的满足,就会逐渐累积起较强的挫折感,由此产生“再努力也赶不上别人”的心理而自卑。

5. 气质、性格因素

气质抑郁、性格内向者大都对事物的感受性强,对事物带来的消极后果有放大趋向,而且不容易将消极体验及时宣泄和排解。因而外界因素对他们心理的影响往往要比对其他气质、性格类型者的影响大,他们产生自卑的可能性也相应增大。

6. 意志因素

意志是人类意识能动作用的集中表现,积极的意志品质表现为自觉性、果断性和自制力。大多数大学生都有较好的意志品质,在其上进心、自尊心受到压抑时,不是变得自卑,而是激起更加强烈的自尊,及时调整自己的行动,以更大的干劲冲破压抑,努力拼出一条成功之路。但是,有自卑心理的大学生正好相反,当其自尊需要得不到满足时,便放弃努力,不相信自己,由自尊走向自卑。特别是现在的大学生,学业之路较为顺利,缺乏必要的社会经验,也缺乏必要的恒心,想问题、做事情容易简单化、理想化,只想经过短时间的“冲刺”就取得成功。如果经过一番努力后尚无效果,便会泄气,认为自己不行,就会变得自卑。

三、大学生自卑的调适方法

1. 坦然面对自己的不足和缺陷

要克服自卑,就要正视自卑。自卑是一种自我怜悯的心理反应,是在正常人中也会有的一种心理,不一定是病态心理。有些大学生往往把问题看得过于严重,终日沉溺于自己不如人的消极体验中,甚至回避与其他同学的交往,将自己封闭起来。这种办法虽然可能使自卑感暂时有所减轻,但长期如此,容易形成恶性循环,使自卑感加重。

正确的态度应该是面对现实,坦然面对自己的不足和缺陷,针对自己不如他人的方面进行自我调整和改变。如学习成绩差的学生就应通过借鉴他人的学习方法来提高自己的学习能力,以缩短与他人的差距。个子矮小的学生,也许对自己的身材不满意,但良好的精神面貌,对大学生来说更为重要。

2. 运用积极的自我暗示

暗示是用含蓄的、间接的方式,对别人和自己的心理以及行为产生影响。自我暗示或鼓励,往往能产生意想不到的效果。如果大学生总是有"我不如别人""我不行,是个差劲的家伙"这些消极的想法,将会对他的行动产生不良影响。相反,如果随时对自己进行"这难不倒我,我一定能做得到""别人行,我也行"之类的积极暗示,则会信心倍增。实践证明,积极的自我暗示对于提高人的自信心、克服各种心理不适有非常重要的作用。

3. 修正理想的自我,调节抱负水平

大部分大学生都有美好的理想和崇高的目标,但由于一些学生期望值过高,即使全力以赴,仍感力不从心,就会产生失败感,从而自卑。

譬如,一个大学生入学时,他的分数在所在的年级中排名靠后,一进校就发誓要努力学习,考取研究生。但第一学期下来,就有两门考试不及格。第二学期便更加刻苦努力,争取考出一个好成绩,结果又有两门考试不及格。这样,他的自尊心和自信心就受到了打击,进而自卑,以致觉也睡不好,学习也学不进去。

对于这种情况,大学生应该面对实际情况,修正理想自我,调节抱负水平,冷静客观地剖析自己,在正确认识自己的基础上提出切实可行的目标,把目标摆在既有一定难度又可能达到的水平上。这样才能避免挫折与失败,获得成功与自信。

4. 建立积极的自我评价

自卑的本质就是自我评价过低,而且这种评价往往是歪曲的、不合理的,表现因为在某一事件上的失败对自己的能力和价值做出普遍性的否定。正确的做法应是全面、客观、辩证地看待他人和自己,力求认识到人非完人,不可能十全十美。人不应该以自己的弱项与他人的强项比。除此之外,还应该对某一具体行为进行具体的、积极的分析和评价,不能以偏概全,要告诉自己如"我只是这次考试没考好,但这并不说明我以后所有的考试都会失败”。通过这种合理的、积极的自我评价，便可避免产生诸如自卑等负面情绪。

5. 利用补偿作用克服自卑

一个人如果在某些方面自觉不足，他可以发奋努力，通过取得某一方面的成就进行补偿，这就是所谓的“失之东隅，收之桑榆”的补偿作用。这种作用尤其对那些因外貌不佳或身体残疾等不可改变的现实条件而产生自卑感的大学生有较好的效果。他们可以将注意力转移到自己感兴趣、也最能体现自己才能的活动中，强化自己的优势以增强自信，用成就使倾斜的心理天平恢复平衡。

6. 寻求心理咨询

针对大学生的自卑心理，心理咨询老师可以采用一定的方式引导他们选择健康、向上的心理状态，客观地认识和对待自己。对于自卑程度较深且已渗入人格中的大学生，就应采取心理分析法，通过自由联想对早期经历进行回忆，经分析找到自卑心态的深层原因，使自卑情结返回意识层，从而意识到，之所以有自卑感，并不是自己的实际情况很糟，而是潜藏于意识深处的自卑情结作怪，让过去的生活阴影笼罩今天的心理状态是不应该的，要从自卑的阴影中摆脱出来。

除此之外，还可以培养兴趣，积极参加户外活动；学会交往，处理好人际关系；增强自信，多将想法付诸行动；稳定心态，坦然面对困难；知足常乐，不要追求完美；加强修养，避免劣性刺激等，进行多方面的自我调适。

第二节　学 业 压 力

步入大学，生活环境的改变、学习方法的转变、课业难度的增大，都会使大学生产生不同程度的学业压力。尤其是许多大学生第一次离开家乡，独自外出求学，各种生活事务的处理和频繁的社团活动使得一部分人不能安排好学习时间，更加剧了学业的压力。其实，学业压力在大学生中是普遍存在的，关键是看怎样调整和应对。

一、实现中学生向大学生的角色转换

初入大学的新生，要实现从中学生向大学生的角色转换，认识大学学习与中学学习的不同，掌握大学的学习特点，从而减少学习压力带来的负面影响。在课程内容方面，中学的特点是新课程少，要学的知识点少，研究对象是静态的、宏观的、整

体的、“理想状态”的。而大学的特点是新课程多，要学的知识点多，研究对象是动态的、微观的、局部的、“真实状态”的。大学课程内容多，而且内容高度抽象，深入本质，难度大，涉及学科前沿领域，不少问题是未知的，理论是有争议的。

在教学特点方面，中学的教学特点是教师按教材授课，并且进行细致讲解、总结题型、归纳方法，注重解题技能技巧的训练。而大学的教学特点是教师讲课不拘泥于一本教材，讲究教学的严密性与系统性，强调学科的体系框架，注重对基本概念原理的剖析及其在不同情境中应用的条件。教师讲课速度快，提纲挈领，侧重于讲方法和思路。在学习方法方面，中学的课堂依赖教师授课，学习内容多限于书本，自主学习空间小；每一个知识点都力求透彻掌握；外化学习到解题为止。而大学的课堂学习要求边听、边记、边思考，要求课外大量查阅相关资料及参考书来帮助理解、消化课堂知识；基本理论和基本概念深入理解，其他知识则了解基本框架、基本思想即可；课余时间多，自主学习空间大，外化学习要求联系实际解决具体问题。在思维方式方面，中学时期学生多以单一视角看问题，记忆、模仿多，说明性理解、逻辑思维居多。而大学的学习要求从多个不同视角研究问题（包括考虑社会因素），探究性理解、辩证思维、创造性思维居多。

从大学学习与中学学习的不同特点来看，两者最大的不同是大学教育的特点是自主性。科恩提出了自主两个尺度的理论，其中第二个尺度是指能够合理用好自己的选择权，树立好清晰的目标，在完成目标的过程中具备顽强的意志力和拼搏的精神。自主的人善于确定自己的目标，支配着行动不断向目标靠近来实现价值。科恩理论的第二个尺度正是大学生要掌握的，大学生要自主安排课程，自主设定学习目标，自主安排课余生活。

如果说中学教育是“配餐制”的话，大学教育提供的就是“自助餐”。配餐制无法自己挑选，菜色组合、营养搭配都已经安排好了，提供的菜没考虑个人喜好及消化能力。中学教育按照高考考试大纲安排课程，学生没有选择的空间。同时，中学课程大都是知识的传授，忽视学生能力的培养。高三的复习是学生对高中所学的全部知识进行“消化吸收”，即便对所学的大量知识不能找出规律和内化，也就是说对配餐制提供的菜消化不良的话，只要能记住自己曾经吃过什么，高考时照样也能考出不差的成绩。而大学教育提供的好比是“自助餐”，自助餐需要根据自身的口味、喜好及营养需求等自主选择，自己知道取什么及如何进行食物搭配来实现营养价值最大化。

大学教育要求学生有很强的自主性，要有明确的学习目标，根据目标来安排学习活动，食物搭配就好比是选课，学生根据自己的学习目标和兴趣爱好选择自己喜欢且对未来发展有用的课程。吃自助餐还要求熟悉营养搭配餐食摆放区域以及取用方法,相应的大学教育要求学生知道怎样选择选修课,怎样合理安排学习时间,怎么去获取有用的学习资源等。因此,学生要了解“配餐制”和“自助餐”的特点,了解中学教育和大学教育的特点及差异,进而有效地从“中学生”向“大学生”转换角色,掌握大学学习的方法,领略大学的风范,规划并实现精彩的大学生活。

二、掌握正确的时间管理方法

大学的课余时间很充裕,大学生除了上课学习,还有很多时间是用来自学和参加课外实践活动、充实大学生活、培养各种兴趣和提高各种能力的。但是大学的学习少了教师和家长的监督,很多大学生容易放松自己,从以前的严格要求变得自由散漫。大学生具备良好的时间管理观念,在大学四年里学会有效利用时间,也能养成良好的工作习惯,为今后走上工作岗位打好基础。

时间管理就是按照日常事件排列的优先次序确定时间表,再有效完成时间表列出的各项待办事件。能进行有效时间管理的人能把时间充分利用,合理支配时间来实现效益最大化。

第一,排列优先次序意味着按照事件重要性将它们排序,在做这一事件之前,必须先列出一张包含所有事项的清单。如写出今天要完成的任务,按照事件的重要性按次序排列出来,如从第一件列到第十件。

第二,制定时间表的做法就是根据事件的重要程度来合理安排时间,或者设计一个时间阶段对应一个特定的事件,设法在特定时间内完成这个事件。如时间管理专家使用的“3C”方法:时钟(Clock)——作为短期时间管理阶段的指示;日历(Calendar)——可以是周历、月历甚至是年历来预测目标和任务;完成(Completion)——按时间或日期完成安排好的事件。

第三,执行是一个系统的步骤,能够让每项工作顺利完成。也可以说执行是对确定好的时间表的完成,一个已经排好优先次序的时间表就像一张蓝图,执行的最有效的方法是确立目标,在行动过程中需要根据现实情况不断改进目标。一是为每一项任务和事件列出最后期限;二是将复杂的任务分解为小块的任务,分别给每个小任务制定出最后期限;三是完成任务后给自己一个小奖励,来继续激励自己完成所有既定的目标。

三、从良好的人际沟通中获取社会支持

美国心理学家理查德·拉扎勒斯说过:“社会环境不仅仅是压力的一个重要来

源，它同时也提供极其重要的资源，使个体能够利用资源帮助自己解决问题。在其他条件相同的情况下，如果人们在需要时能获取相关的社会支持，他们就会有更好的精神状态，身心功能也将发挥得更好。”大学生的社会支持主要有与室友、与同学、与朋友、与教师等形成的人际关系网。社会支持对个体起三种重要作用：一是让个体感到被关心和被爱；二是让个体觉得有尊严和有意义；三是使个体具有归属感和安全感。可见，获得社会支持对个体正常的身心发展是多么重要。

在获取社会支持时，人际沟通是最重要的影响因素。提高交流技能的步骤有以下几项：

第一，讲话要准确直接。为了清楚地表达自己的思想观点，要选择正确表达想法和感情的词语，尽可能清楚地将自己的思想用言语表达出来，直接表达自己的想法和感情。

第二，丰富自己的言语储备，更好地组织语言进行交流沟通。言语储备少，表达出来的意思就有限，即有时会被自己的语言表达所限制。丰富的语言能更好地表达人的思想，达到理想的沟通效果。

第三，选择适合听众的合适语言。考虑哪些词、哪些表达和手势最能使自己的想法被接受。

第四，学会换位思考。当自己对对方的言语及行为不解甚至不满时，要设身处地地站在对方的角度思考问题，从而达到理解他人的目的。

第五，避免使他人处于防御状态。遇到矛盾冲突时，要主动面对问题，不把责任推卸到别人身上、责备他人，而应该从自身找原因，进行内部归因。

第六，若出现问题，就及时解决问题。如果存在误解，回避它或者给它太多的时间化解都会使人产生愤怒或者恐惧的感觉。当问题出现的时候，通过与当事人谈话来解决问题是最直接、有效的方法。

四、做好学业规划与职业生涯规划

学业规划是指个体为了明确人生学业发展道路，对学业所进行的统筹规划和合理安排。所谓“工欲善其事，必先利其器”，对大学生而言，学习是大学四年的基本任务，要有坚实的知识根基，才能使得大学的整个学习生涯顺利进行，只有根基稳固的大厦才能在风雨中坚挺依旧。因此，努力学好专业课是最重要但又是最基本的要求。同时，要多与学长学姐们进行交流沟通，询问当前的就业情况与形势，大学不同于中学，“两耳不闻窗外事，一心只读圣贤书”的时代已经过去。再者，大学生要学会交际，增加交流技巧也是一门重要的必修课。

前面讲过职业规划的问题。职业生涯规划是个体积极努力规划未来人生发展轨迹,结合个人的能力、性格、优势、劣势,做好合理安排,并不断优化目标的过程,以期达到预定的计划目标。职业生涯规划就是通过职业上的规划,来实现人生目标。尤其对大学生而言,职业生涯规划的正确与否影响着今后的人生发展走向,也影响着整个大学生涯质量的高低。目前,大学生中缺乏职业生涯规划的情况较为普遍,相当一部分大学生没有自觉地确立自己的职业生涯发展方向。

对于大学生来说,大学一年级是职业生涯的初探期,这时要初步了解职业,要熟悉自己所学专业的就业方向和就业市场情况,以及招聘单位对相关专业人才的能力需求。大学生要多利用机会和学长学姐们进行交流,询问他们的学习情况和就业情况,多向他们了解与学习大学生活经验,为走向工作岗位做好准备。大学生还要从不同的渠道锻炼各种能力,如参加勤工俭学社团活动、社会实践、各类竞赛、公司实习、担任班干部等。勤工俭学既锻炼能力、积累工作经验,又能增加收入,增强独立自主的能力。大学生可以根据自己的兴趣和特长选择自己喜欢的社团活动参加,丰富自己的课余生活,培养自己的兴趣特长,同时加深和拓宽对专业知识的掌握。千万不要认为担任学生干部是浪费时间,"一分耕耘,一分收获",在付出的同时也会有所收获,当学生干部能提高自己的组织管理能力、决策能力、人际交往能力。这些综合能力的增强,会使得大学生面对学业压力的时候更从容、更有办法。

第三节　宿舍关系

这里参考了网上的一篇文章,作者是一位女大学生,对大学宿舍关系及其处理细节总结得非常细致、到位。

一、宿舍关系分层

大学四年,舍友往往是我们最亲近的人,和舍友在一起的时间,比和家人在一起的时间要长得多,若相处得好,能如同兄弟姐妹一样。宿舍关系像金字塔一样,也是分等级的,看看你和舍友的关系处在哪一层吧。

1. 最顶层:家人密友一般的存在

位于塔顶的宿舍关系是最和睦、最温情的。舍友之间相处得好像家人一样,有什么事都互帮互助,生病了,舍友会悉心照料,放假了,还会相约一起出去玩,称得上是交心好友。

2. 第二层:普通朋友

位于第二层的宿舍关系没有像塔尖的关系那么好,但也算和睦,舍友之间礼貌相处,也会一起出去聚餐,一起拍照,但是称不上是最好的朋友。大多数人的宿舍关系都处于这一层。

3. 第三层:如《小时代》中的角色关系

看过《小时代》的人应该明白这样的宿舍关系是怎样的,好的时候可以像双胞胎一样形影不离,可是吵起来的时候也可以翻脸不认人。这样的宿舍关系谈不上是好是坏,但真的是阴晴不定。

4. 第四层:表面和睦

这种宿舍关系是表面上大家相安无事,但是实际上谁也瞧不上谁,心里很看不惯对方的做法,但是彼此也都不会说破,交不了心,但也不会撕破脸。

5. 第五层:宿舍《甄嬛传》

这种宿舍关系简直就是现代版"宫斗",四个人可能会有五个宿舍群,彼此之间都有矛盾,还总是假装友好,互相之间斗来斗去。

6. 第六层:陌生人

位于最底层的宿舍关系就好像陌生人一样,各自干各自的事,不会一起出去玩,也很少聊天,宿舍就是一个睡觉的地方而已。

二、新生与舍友的相处攻略

1. 主动关心舍友

在新环境下,没有什么能比来自他人的关心更能让人内心温暖了,所以对新舍友主动关心,相信你们的关系很快就会熟络起来(图 8-1)。

2. 尽量互相帮助

舍友间的互相帮助要从小事做起,可以互相帮忙带饭、帮忙打水等,可以是生活上的方方面面。获得你的帮助后,你的舍友也会来帮你,关系自然更加密切。

图 8-1　主动关心舍友

3. 学会善解人意

舍友也许说错一句话,也许做错一件事,

但其实想想对方的好,这些都不算什么。学着理解别人,给别人一个犯错的机会,同时也是升华自己。

4.别占小便宜

占小便宜这种事情,你做一次两次,相信对方就不太愿意跟你相处了。别糊弄舍友,更别放低了自己的身价。大大方方地跟舍友相处,才是长久之道。

5.学会自觉、自律

因为作息时间的不同或者地域之间的差异,舍友之间的生活习惯或者饮食起居会有所不同。这时候我们要做到的就是互相不要去干扰对方。学会自觉,更要学会自律,才会让舍友更加喜欢你。

6.照顾特殊群体

也许你的舍友是少数民族,有不同于别人的饮食习惯。也许你的舍友在身体上有残缺,跟大家不合群。这种情况下,我们最好多照顾他们。因为这样做,一定会获得舍友的感谢。生活在感恩的世界里,你才会身心愉快。

7.不要向舍友借钱

借钱相当伤感情,这个相信大多数人都清楚。当然不包括吃饭忘带钱,借了之后立刻就还的情况,但是要记得如数归还。良好的舍友关系需要细心维护。

8.学会分享

平时可以买点水果、零食之类的,带到宿舍里和大家一起分享。或者在周末的时候去聚餐,组织舍友一起游玩,这也是增进感情的一种方式。

9.远离怪人

做到上面那些,相信你跟你的舍友一定会相处得很融洽了。但是也不排除有例外,有些人可能会把你的善良和忍让当成你好欺负。当我们认出这类人的真面目之后就无须再忍了,当然也没必要大动干戈,敬而远之即可。

三、与舍友相处的基本原则

1.礼貌待人,热情大方

与同学见面要主动热情地打招呼,积极的态度有助于结交朋友,与同学交往要举止大方,同时应顾及对方的兴趣、爱好和风俗习惯,交谈中不能粗言秽语,注意文明用语,业余时间、节假日多参加一些集体活动,加强与同学之间的相互沟通。

2. 互相关心,互相帮助

因为不适应新环境,你可能会碰到许多问题,这时最需要同学的相互关心和帮助。在这种情况下,得到同学真诚的关心和帮助,很可能就是好同学、好朋友关系建立的起点。

3. 为人谦虚,诚实守信

谦虚和诚实守信都是传统美德。大学生来自不同的地方,生活背景不一样,经历也不同,每个人都有值得学习的地方,因此要互相学习,共同提高,相互交往要诚实,恪守承诺,讲信用,不说大话,这样才能获得真正的友谊。

4. 宽容大度,学会体谅

大学同学之间在兴趣、爱好、性格、气质、生活习惯、文化修养等方面都存在差异,与同学朝夕相处,有时看问题的角度不一样,思想水平不一样,会有些行为摩擦和心理冲突,这时就需要我们互相谦让,严于律己,宽以待人,处理问题时,求同存异,这样友好相处就有了根本的保证。

5. 克服自己的不良习惯

不良的行为习惯会影响我们在同学中的形象,如生活自理能力差,不勤洗衣服、鞋袜,不注意个人内务和宿舍、教室等环境卫生,讲话粗言秽语等都容易让同学产生不好的印象,有这些不良习惯的同学应尽快改正。

四、与舍友相处的细节

1. 放低自己的姿态

放低自己的姿态,耐心去了解你周围的人,你会发现他们并没有你之前想象的那么糟糕。那个每天笨笨的总是考试不及格的姑娘,可能会在你生病晕倒的时候,背你去医务室;那个总是风风火火的姑娘,可能会在你被男生欺负的时候勇敢地保护你,赶走欺负你的人;那个只喜欢看剧的姑娘,常常会拉着你逛街,嘻嘻哈哈地去买衣服;那个平时只想着以后嫁个好男人、做家庭主妇的姑娘,可能常常在你需要的时候给你准备好热水,让你倍感温暖。

那个每天都泡图书馆的学霸,其实是一个对你关心得无微不至的好男人;那个每天总是打球的高冷汉子,说不定是一个能帮助你走出难关的大神,时常能在你有问题的时候让你“抱大腿”;而那个时常面无表情舍友,说不定还是你找到女朋友的媒人!

大学生活，主要就是在学习中学会怎样去让自己更好地适应社会，多交朋友。你应该学会多去看看他们身上的闪光点，毕竟有句话说得好，瑕不掩瑜。当你认真对待你周围的每个人，友好地和他们相处时，在你大学毕业的时候，一定会非常感谢这些年来陪伴在你身边的舍友们。

2. 主动接触

听说过一个朋友的故事，在大学四年期间，他远离了他那些所谓不求上进的、混吃等死的舍友，每天早出晚归去图书馆学习。宿舍里的人也没一个人搭理他，每次聚会都会刻意回避他。他知道后总是向他人抱怨舍友看不起他。上了四年大学，却与他们形同陌路，这样真的好吗？

舍友天天在打游戏，你出去学习前，看一眼他的战绩，好奇地问问这个英雄叫什么，他也会很高兴地告诉你。你出门的时候，他也会嘱咐你外面冷、多穿点，然后他接着打他的游戏，你去你的图书馆。

舍友愿意在宿舍看大片，你从图书馆回来的时候，他们正讨论得热火朝天，你可以也开心地笑一下，然后大家哈哈一笑，互相开开玩笑，再各自忙各自的。

舍友说你不对，你可以勒着他的脖子互相闹着玩，而不是所有问题都要争个面红耳赤。

3. 学会包容

同一个宿舍里的人，可能来自五湖四海，你们的生活习惯也会有所不同。最重要的就是包容，北方和南方差异最为显著，所以互相体谅，多点温馨提醒，想必对于改善关系是很有帮助的。

4. 注意细节

(1)宿舍里如果有其他人在学习，尽量不要读书或出声背单词。

(2)进宿舍时，尽量轻声敲门、推门，即使你不是有意大声敲门，屋里的人也会感到不舒服。

(3)中午进他人宿舍时，如果不是特别生疏，可以象征性地轻声敲两下门，然后轻轻推门而入，因为如果你将午睡的同学吵醒，对方会很不高兴。

(4)如果想到你可能会晚睡，提前把洗漱工作做好，这样就不会打扰别人。还有，记得和舍友协调好晚上关灯的时间，卫生间排气扇需不需要开、会不会吵到舍友休息、几点以后就尽量不要用手机或者电脑外放音乐了、几点以后不要用浴室才不会打扰舍友的休息、这些都要好好考虑、询问清楚。

(5)在宿舍里学习，如果你有小的学习桌，用完小学习桌，请轻声合上桌子腿，不要毫无顾忌硬生生地掰，那样响声真的很大，会打扰到其他人。

(6)在别人休息时用电脑，如果可以，尽量轻声敲击键盘，能不用鼠标就不用鼠标，这样别人会很感谢你。

(7)晚上学习完，如果你有收拾书包的习惯，拉书包拉链时，尽量用手紧贴书包链，这样可以把声音降低到最小，当然，第二天早上收拾是最好的了。自己桌子附近的垃圾记得清扫干净，记得宿舍的卫生轮值，轮到自己打扫卫生间，扫地拖地的时候，一定要好好打扫。

(8)在宿舍里走动，脚步尽量轻一些，这样楼下的同学会很感激你，特别是在休息时间。

(9)在别人休息时，如果你能轻轻地翻书，说明你是一个很体贴的人。

(10)在别人休息时，不要吃咀嚼声很大的食物，或者一动声音就很大的硬塑料包装的食品。

(11)打电话尽量去外面打，特别是有人在学习时。接电话也尽量等到出了宿舍门以后再接。

(12)宿舍里的东西不用整理得特别整齐（检查卫生时就另当别论了），但要保证自己的东西不会给其他人造成困扰，不会把别人绊倒，可别把别人桌子附近的地板不当回事。

(13)宿舍是我们的家，如果有不高兴的事，可以说出来，大家帮你解决，如你不习惯说出口，也不要把情绪都写在脸上，因为不是舍友惹你不高兴的，不能殃及池鱼。

(14)如果你能在细节处多为他人着想，相信你的好习惯和善良一定能在你以后的事业中发挥作用。

5. 多沟通、多协商

宿舍的大大小小的问题，记得多与舍友沟通、多协商，比如是否购置衣架、盆架，是否购置扫帚、簸箕，宿舍电费的平摊，平时公共物品（比如卫生纸、洗衣液、扫把、拖把、簸箕）的采购和维护，这些生活的小细节，往往需要你主动去和舍友协商讨论，多多提出自己的看法才能让事情更好地得到解决。

第四节　就业迷茫

一些大学生在进入大学的时候非常迷茫，但没想到这种迷茫会一直持续到大四。四年下来，自己对未来什么打算都没有，拿到毕业证书的那一刻才意识到，自己已经毕业了,是时候进入社会找工作了,但是回顾自己大学四年的时间又好像什么都没有得到,不知道自己应该做什么、找什么样的工作。由于缺乏一个明确的规划,所以只好看周围的同学在做什么,自己也跟着做。

还有一些学生习惯了学校安逸的生活,对于进入社会感到非常恐惧。在学校,周围是自己喜欢的同学,而且学校的物价普遍偏低,但是进入社会后,单位的环境和学校完全不相同。和周围同事的相处并不是自己想象的那般容易,而且每个月领着几千块钱的工资,除去房租和基本的生活费,几个月下来,自己手中没有什么积蓄。这种突如其来的压力,并不是每个人都能接受得了的。

为避免就业迷茫和对进入社会的恐惧,建议同学们在以下几方面做好准备。

一、关于自己

1. 你是谁?

清晰正确的自我认识和定位能够助自己一臂之力。

2. 你有(会)什么?

要知道自己有哪些优缺点,针对性地加强、规避或者弥补、延伸。

3. 你想做什么?

做自己擅长的、专业的、喜欢的事更容易成才。

好好罗列一下,写一份好的简历,不宜妄自尊大,更不宜妄自菲薄。

二、关于工作

1. 有什么工作?

视野应该足够开阔,社会何止 360 行? 那么你知道的有多少? 好好研究招聘网站上的行业、职业分类,或许有自己不知道的但比较值得去做的工作。在一定条件下,可以考虑转行。

2. 哪些你能做?

你能做的也许有很多,但要清楚你的优势在哪里,也就是自己的竞争点是什么。每个岗位在筛选人才时必然会设置一系列条件,可以根据自身条件,寻找自己 60% 以上、90% 以下有把握的岗位。对于那种很容易被录用的岗位,需要格外小心。

3. 你的条件是否在单位的考虑之内？

要清楚自身的条件是否符合单位的要求，破格入围笔试、面试甚至录取的很少，除非你已经在本职业内有所深耕，取得了一定成绩。

4. 最适合你的是什么？

人有时可能不知道自己想做的是什么，但能够选择不做自己不想做的事，然后结合自身专业、特长、兴趣、性格、理想、自身资源等筛选出最适合自己的工作。有些看似很好的工作，未必是适合你的工作，因为某些工作“外表的光鲜”而一时冲动入错了行，岂不可惜？

5. 工作的相关情况你了解吗？

要了解比如不同体制、不同编制、不同行业、不同职位、不同地区、不同层级等工作的特点，包括工作职责、环境、人际、收入待遇、成长性等，这可以防止入职后有被忽悠或者后悔的想法。

三、关于创业

对于大部分大学生，不建议一毕业就创业，当然这也因人而异，参考前面的“关于自己”。

四、关于深造

深造可能不适合放在这里，但却是一条不算差的路子。但一定要知道，深造不是躲避就业，而是为了积蓄能量，更加了解自己、了解社会、了解行业，也为了以后更好地就业。当然，深造不限于校园里。

五、关于心态

1. 不妨先就业再择业

一定不要有非某某工作不可的想法，否则可能带来的是失落。

2. 了解自己，自信地欣赏自己

相对而言，自己是最了解自己的人，不过也可以通过父母、老师、同学等更加立体地了解自己，但一定要有自己的思考，不否定也不盲从。就算自己有很多不足，也要展示出自己的自信，自信是一种正能量。

3. 切忌高不成，低不就

如果所谓“高的”“好的”去不了，所谓“低的”“差的”未必不能成就事业、成就自己，这样也许更能督促自己进步。当然，这只是“曲线救国”，未来仍需努力，可以通过晋升、跳槽、深造等实现。

4. 自己的事自己做

成年人应该有规划意识，最好有全局意识，毕竟时间一去不复返。可以参考他人意见但不要依赖，决定权在自己手上。

5. 不要有一心求稳定的心态

党政机关、国有企事业单位的工作岗位相对稳定，但未必是你所喜欢的，如果想“混日子”，最终也会碌碌无为。在稳定的环境中，一样要创造出自己的价值。

第五节　父母关系

2019 年 6 月，来自《中国青年报》的调查显示：96% 的大学生与父母关系融洽。

“在我的妈妈眼中，我不仅是她的女儿，也是她的好朋友。”小袁在北京一所高校读书，平日里她与父母无话不说。

图 8-2　和谐融洽的家庭关系

5 月 20 日，在安徽一所高校读书的小高在家庭微信群里给父母发了 520 元的红包，并留言：“520，爱你们。”她的妈妈给她回发了一个更大的红包，还加上了一句：“我们也很爱你。”

提起当代大学生，有人会觉得他们叛逆，也有人觉得他们不喜欢跟父母沟通，其实他们很看重亲情，表达爱的方式更加直接和开放（图 8-2）。

一、“与父母的关系像朋友”

“我遇到自己认为值得炫耀的成绩、拍到好看的照片、有想发泄的小情绪时，都会跟父母分享；有时候，我们还在一起讨论社会热点问题。我与父母交流的话题非常广泛。”小许在广东一所高校读书，离开生活了 18 年的家乡，远离父母后，她会充分利用社交平台，与父母分享自己的生活。“我与父母的关系更像朋友。”小许坦言。

在北京一所高校读书的小贾曾经有过两周没有与父母联系，他笑言自己“被放养”。“学业特别忙的时候，我就会忘记跟父母通电话，他们也不会刻意找我，担心会打扰到我。”

小贾认为，子女与父母之间的感情不能单纯靠通打电话来维系，经常见面比较重要。如果不忙的话，小贾平均每个学期会回家乡两到三次。“我们一家每年都会一起出游，一家人旅行既是一个休息放松的过程，也是完全回归家庭、增进感情的机会。”小贾说。

去年，大学毕业后的小杨选择留在家乡工作。现在，她每天下班都会回家，晚上 8 点和父母聚在客厅。小杨喜欢看港剧，她的妈妈爱看古装剧，爸爸更青睐球赛，三个人偶尔会因为看哪个频道而互相“嫌弃”。

“我已经习惯被‘嫌弃’了，我爸妈经常吐槽我穿的衣服不好看。他们觉得我买了不少衣服，没有一件像样的。”面对父母的“嫌弃”，小杨明白他们只是嘴上说说。在她看来，这种“嫌弃”的话是只有亲近的人才会说的。她还会把自己被父母“嫌弃”的生活记录在微信朋友圈，“我的朋友圈从不屏蔽爸妈，我妈看到我发跟他们有关的内容，还会在评论区发表情与我互动，她自己也觉得有趣。”小杨说。

二、“要敢于向父母表达爱”

今年寒假，小江从学校多带了一些书回家，行李比之前要重一些。小江的妈妈像往常一样在汽车站接他，看到儿子后，小江的妈妈立即弯腰去提行李箱，刚提起“离地不到 10 厘米”，他就发现妈妈的手腕绷得很紧很红。小江赶紧让妈妈放下行李箱，自己来提。“刚开始她是拒绝的，直到我把行李箱抢过来。”小江要把行李箱抬起来放上电动车时，他的妈妈还在旁边扶着，从侧边的拉扣着力，尽量减少他手中的重量。“那一刻我突然觉得妈妈老了。”小江说。

“我很希望自己为父母分担些什么。”小江喜欢通过实际行动来表达对父母的爱，平时在学校，他会做兼职来挣生活费，暑假则会多做些家务。

小王平时跟妈妈的交流比较多，经常一起讨论家里的事情，偶尔也会聊他小时候的趣事。在小王眼中，他的爸爸是个有点大男子主义的人，“他很少跟我交谈，我都是通过和妈妈交流才了解到，其实爸爸很关心我。”小王说，“妈妈告诉我，无论我做什么我爸都支持我，我爸经常跟她说，他最大的心愿就是希望我能过得幸福快乐。”

小王的爸爸43岁生日那天，小王正好在家，他买了一个生日蛋糕，做了一碗加了两个荷包蛋的长寿面，还邀请叔叔和堂弟来家里一起给爸爸庆祝生日。“之前爸妈过生日时，我总是不在家，那次正好我在家，就想着给爸爸好好过个生日。之前就知道爸爸很关心叔叔，我就把叔叔也叫来陪他过生日，他特别开心。”在小王看来，爸爸那个年纪的人都不喜欢表达自己的情感。

那是小王第一次给爸爸做长寿面，“他当时挺惊讶的，吃面吃得很开心。”小王说。

小高的妈妈以前从来不会直接跟她说“我们很爱你”，但现在，小高经常被“表白”，小高觉得是自己表达爱的方式影响了父母。

“我读初中时，学校举办过一次感恩教育活动，在别人的感染下，我哭着对妈妈说了。‘您辛苦了’。”后来，小高尝试把这种状态变成一种常态。“一开始我也觉得把爱挂在嘴边很难，后来我从夸赞入手，比如说妈妈最近气色好、打扮得好看……”有时，她还会主动去拥抱妈妈，“一开始我妈还有点害羞，现在她已经习惯了，也会主动拥抱我。”在她看来，子女应该敢于向父母表达爱。

三、“成为父母可以依赖的人”

通过家庭旅行，小贾对家庭关系有了新的认识，开始意识到自己需要对家庭尽更多的责任。

“小时候出去旅行，一切都是父母安排好。现在我会参与策划，也会负担一些费用。”小贾明白，现在的自己不应该只是被呵护的角色，而需要去承担很多责任。

小郭是广东一所高校的大二学生，曾经她只专注学业，享受大学生活的多姿多彩。但随着在外地读书的时间久了，她逐渐意识到，父母越来越老，自己开始成为父母的依靠。

过去一年的寒暑假，小郭基本是在医院度过的。得知奶奶突然生病，她有些慌。“在医院陪伴奶奶时，我感觉学校和家就像两个世界。在学校的我，任性自由；在家里的我，必须要成为独当一面的大人，自己去处理一些事情。”小郭说。在奶奶生病住院的日子里，她不仅每天要开车送爷爷去看望奶奶，还要给弟弟辅导功课，同时要叮嘱父母注意身体。

“看到奶奶躺在病床上的样子，我的眼泪一下就出来了。但我只能偷偷抹眼泪，因为父母看到我哭会更伤心。”小郭觉得，自己突然长大了。从那之后，她也开始慢慢意识到，自己要变得坚强，成为父母的“港湾”。

“今天很有意义，我也可以像大人一样被爸妈依赖。”小高在社交平台发出这条状态时，她策划的“带着爸妈去旅行”的行程已经结束。

从读本科到读硕士研究生，小高与家乡的距离越来越远。考研成功后，她和父母聊起要去安徽读书的事情时，她的父母非常支持。“我妈妈还安慰我，说她和爸爸多了一个可以去省外走一走的机会。”小高记住了妈妈的话，于是策划了一场“带着爸妈去旅行”。

从订车票到订宾馆，再到具体的行程安排，都是小高自己完成的。虽然行程安排具体到了每一个半天，但是真正旅行时还是有些小遗憾。小高的手机相册里还保存着一张她在公交车上拍的照片，她坐在后面，照片拍的是坐在前面的父母，妈妈把头靠在爸爸的肩膀上。“可能妈妈因为路途奔波而疲惫吧。”她说。

送父母离开安徽时的那一幕，小高说她可能这辈子都忘不掉。“一开始我爸妈让我先回去，他们自己进去等。因为时间还早，我也不想这么快跟他们分开，我们就一起缓慢朝进站口挪动。”还没等走到进站口，她的妈妈突然背过身去，“当时突然空气中一阵沉默”，小高知道妈妈在掉眼泪。“我也绷不住了，抱住了我妈。我妈一看到我哭，立即要强起来，说了句‘我们进去了’，头也不回地就和爸爸直接走了。”小高回忆，后来自己一直站在车站外面，看着他们过安检、进站、乘坐电梯，直到父母的身影消失在视线里，她才离开。

小杨很少在父母面前哭。“很想哭的时候会想些好笑的事情憋回去。”她觉得在父母面前哭很“丢脸”，“我不想在爸妈面前露出我脆弱的一面，如果发生了不开心的事情，我宁愿自己一个人消化。”小杨说。

在外地上大学时，小杨总是“报喜不报忧”，让父母觉得她一切都好。“父母是我的后盾，但我已经长大了，应该自己承担更多责任。”她说。

“我很怕自己努力的速度赶不上父母老去的速度。”小高希望自己能够更加成熟，成为父母可以依赖的人。

（特别感谢安徽大学王文瑄、首都师范大学任德仪、暨南大学叶正芃，以及文中涉及的同学们，你们的故事和文字温馨、温暖、爱意满满。）

第六节　师生关系

近年，“高校师生关系”的话题备受关注。对于这个问题，广大高校师生又是如何看待的呢？此处节选了中国青年报的采访报道。

一、超过九成受访大学生认为师生关系融洽

小马是黑龙江一所高校的大三学生，她非常喜欢城市设计专业课的崔老师。她说："崔老师每节课都会提前 10 分钟坐到讲台前跟我们聊天，聊一聊职业规划，分享一些过往学生的案例。"小马表示，崔老师上课的方式也很有特色，她补充道："他把学生的名字和课本上的专有名词联系起来，那些生硬的概念很快就会被记住。"小马称："崔老师在我们班里非常受欢迎，在他课上睡觉都觉得是一种罪恶。"

在小马眼中，她的老师不仅是传授知识的老师，更是她人生路上的导师，她将来也想成为一名教师："我想成为像崔老师那样的老师，课下多和学生聊聊天，帮他们解惑。"

对于毕业后留在济南任教的小王来说，曾经在报名教师资格考试中偶遇的刘老师是她职业生涯中的"启蒙老师"。她在采访中表示，刘老师在每次下课后会将黑板上的字迹擦干净。"她说这样既可以让下一位上课的老师有好心情，也不至于给学生添麻烦。如今我也为人师，虽然粉笔黑板已渐渐被电子白板所取代，但是老师的品德仍为所念。"

小杨就读于上海的一所高校，她和专业课冯老师相处得十分融洽，"冯老师上课从不拿点名册点名，她会在课间 10 分钟走下台，分享她对我们每一个同学的第一印象。"小杨回忆，去年冬天的一天，自己一路小跑要赶去教师办公室，途中被冯老师叫住，她说："一开始还以为冯老师找我有什么事，原来冯老师是怕我跑太快而摔倒，提醒了我，特别感动。"小杨说，在她的学习生活中，还有很多像冯老师这样温暖的老师。一次，她在公选课上肚子疼得厉害，公选课高老师发现后，马上劝小杨回宿舍休息。"老师竟然因为我硬撑着上课不注意自己身体而数落我，我真的吃惊又感动。"

中国高校传媒联盟的调查显示，94% 的受访大学生认为师生关系非常融洽或比较融洽(图 8-3)，6% 的受访大学生对现在的师生关系不满意。

图 8-3　融洽的师生关系

在陕西一所高校读书的小朱认为自己的辅导员没有信服力，"她平时从不过问我们的学习、生活。奖学金的名额会给那些平时给她做事的同学。"小朱表示，在临放假前，辅导员曾强迫让已经和家人订好飞机票、准备出行的同学参加演讲比赛，"老师让她退飞机票，参加完演讲再走，不然就按旷课处理。当时同学都委屈哭了。"

二、我们需要怎样的师生关系

西南大学教育学部的王老师表示："每个学生成长的家庭环境都不一样，在大学里接触社会的时间也短，所以作为老师，要把学生当作子女和朋友来看待，不要高人一等，学生尊重老师固然重要，老师也要尊重学生。其实我个人特别喜欢提问题的学生，每次和学生沟通，自己也得到进步，但是师德仍是个大问题，希望老师都能以身作则。"

天津一所高校的教师陈丽在接受采访时说道："现在给学生上课，下课没有几个问问题的，通常都很安静，师生互动较少。有时候很想把自己会的都传授给学生，无奈学生与老师之间就像隔了一层玻璃一样，不知道该怎样打破。"在陈丽看来，学校就是学生读书的地方，希望校园里不要有太多的社会习气，老师与学生彼此应坦诚相待。

小姚在湖南一所高校读书，她包揽了大学四年的年级第一名，是国家奖学金的获得者。小姚表示自己与老师是"有距离的陌生人"。"因为不想让同学以为自己的成绩是靠与老师套近乎得来的，索性不与老师进行课题之外的交流和互动。"她回忆，自己毕业找老师写推荐信时，老师都记不得她曾拿过课程最高分。与之相反，在北京一所高校就读的小朱虽然不是就读师范类专业，但她将来想成为一名人民教师。"我的妈妈就是一名老师，学生毕业后也常回来看她。"小朱讲，受妈妈的影响，她在学校和老师的关系也特别好，偶尔还会一起出游，不过玩归玩，老师们对待学术很严谨，她觉得"师生关系没有想象中那么复杂"。

南开大学文学院传播学系主任陈鹏认为，师生关系中有正面的成分，也有负面的因素。正面的师生关系是主流，绝大部分教师都能够秉持师德来妥善处理师生关系。但是，有个别老师也确实存在师生关系处理不当的现象。他表示，在小说、影视作品当中，师生关系是一个比较敏感的话题，部分小说、影视作品扩大了炒作这个话题的力度，有的时候会使受众产生一些误解。而在一些新闻报道中，陈鹏认为其放大了师生关系中的负面因素，在某种程度上也加深了一些师生关系的紧张局面，造成了一些师生关系的危机。"所以我们在看新闻报道的时候，会了解到某种现象的存在，但这种现象不一定是主流和整体的现象。"他说。

同时，陈鹏认为，这种现象也不能完全怪罪于公开的报道。他分析称："因为在新闻报道中，负面报道的传播效率往往是强于正面报道的传播效率的，正所谓'好事不出门，坏事传千里'。对于一些正面的内容，有些受众并没有形成比较深刻的印象，导致的结果是受众对负面报道的印象超过了对正面报道的印象。"对于这种现象，陈鹏说："受众应该提升媒介素养，在接收情绪性信息的时候，特别是接收负面信息的时候，要了解这种负面信息的局限性和片面性，通过提升媒介素养形成的积极主观因素来抵消负面新闻信息的局限性。"

（特别感谢：哈尔滨师范大学牛子群、西南大学翟玉洁、浙江财经大学柴若月，应受访者要求，文中受访学生均为化名。）

思考与讨论

- 我自卑吗？我自大吗？
- 其实学业都有压力，我该怎样应对呢？
- 什么样的父母关系是我想要的？

拓展作业——想一想，写一写

- 《怎样与舍友和谐相处呢？》
- 《不论父母怎样，我都爱他们》
- 《我喜欢这样的老师》

附　　录

附录一　九型人格自测

测试说明：

(1)下面有 108 个称述。

(2)在你认为符合你的称述前面做个记号，注意：下列各项前一个数字代表属于哪一种九型人格，后一个数字是称述序号，由 1～108 组成。

(3)把同一数字前面的记号统计相加，比如数字“1”前面有 3 个记号，数字“2”前面有 8 个记号，数字“3”前面有 1 个记号，数字“4”前面有 5 个记号，等等。

(4)拥有最多记号的数字很可能就是你的类型号。

(5)需要说明的是，这个结论仅供参考，更精确的判断还需要在深入了解和揣摩比较后获得。

测试题：

9　1. 我很容易迷惑。

1　2. 我不想成为一个喜欢批评的人，但很难做到。

5　3. 我喜欢研究宇宙的道理、哲理。

7　4. 我很注意自己是否年轻，因为那是找乐子的本钱。

8　5. 我喜欢独立自主，一切都靠自己。

2　6. 当我有困难时，我会试着不让人知道。

4　7. 被人误解对我而言是一件十分痛苦的事。

2　8. 施比受会带给我更大的满足感。

6　9. 我常常设想最糟的结果而使自己陷入苦恼中。

6　10. 我常常试探或考验朋友、伴侣的忠诚。

8　11. 我看不起那些不像我一样坚强的人，有时我会用种种方式羞辱他们。

9　12. 身体上的舒适对我非常重要。

4　13. 我能触碰生活中的悲伤和不幸。

1　14. 别人不能完成他的分内事,会令我失望和愤怒。

9　15. 我时常拖延问题,不去解决。

7　16. 我喜欢戏剧性、多彩多姿的生活。

4　17. 我认为自己非常不完善。

7　18. 我对感官的需求特别强烈,喜欢美食、服装、身体的触觉刺激,并纵情享乐。

5　19. 当别人请教我一些问题时,我会巨细无遗地分析得很清楚。

3　20. 我习惯推销自己,从不觉得难为情。

7　21. 有时我会放纵和做出逾越的事。

2　22. 帮助不到别人会让我觉得痛苦。

5　23. 我不喜欢别人问我广泛、笼统的问题。

8　24. 在某方面我有放纵的倾向(例如食物、药物等)。

9　25. 我宁愿适应别人,包括我的伴侣,而不会反抗他们。

6　26. 我最不喜欢的一件事就是虚伪。

8　27. 我知错能改,但由于执着好强,周围的人还是感觉到压力。

7　28. 我常觉得很多事情都很好玩,很有趣,人生真是快乐。

6　29. 我有时很欣赏自己充满权威,有时又优柔寡断,依赖别人。

2　30. 我习惯付出多于接受。

6　31. 面对威胁时,我一是变得焦虑,一是对抗迎面而来的危险。

5　32. 我通常是等别人来接近我,而不是我去接近他们。

3　33. 我喜欢当主角,希望得到大家的注意。

9　34. 别人批评我,我也不会回应和辩解,因为我不想发生任何争执与冲突。

6　35. 我有时期待别人的指导,有时却忽略别人的忠告,径直去做我想做的事。

9　36. 我经常忘记自己的需要。

6　37. 在重大危机中,我通常能克服对自己的质疑与内心的焦虑。

3　38. 我是一个天生的推销员,说服别人对我来说是一件容易的事。

9　39. 我不相信一个我一直都无法了解的人。

8　40. 我爱依惯例行事,不大喜欢改变。

9　41. 我很在乎家人,在家中表现得忠诚和包容。

5　42. 我被动而优柔寡断。
5　43. 我很有包容力,彬彬有礼,但跟人的感情互动不深。
8　44. 我沉默寡言,好像不会关心别人似的。
6　45. 当沉浸在工作或我擅长的领域中时,别人会觉得我冷酷无情。
6　46. 我常常保持警觉。
5　47. 我不喜欢要对人尽义务的感觉。
5　48. 如果不能完美地表态,我宁愿不说。
7　49. 我的计划比我实际完成的还要多。
8　50. 我野心勃勃,喜欢挑战和登上高峰的经验。
5　51. 我倾向于独断专行并自己解决问题。
4　52. 我很多时候感到被遗弃。
4　53. 我常常表现出十分忧郁的样子,充满痛苦而且内向。
4　54. 初见陌生人时,我会表现得很冷漠、高傲。
1　55. 我的面部表情严肃而生硬。
4　56. 我很飘忽,常常不知自己下一刻想要什么。
1　57. 我常对自己挑剔,期望不断改善自己的缺点,以成为一个完美的人。
4　58. 我感受特别深刻,并怀疑那些总是很快乐的人。
3　59. 我做事有效率,也会找捷径,模仿力特强。
1　60. 我讲理,重实用。
4　61. 我有很强的创造天分和想象力,喜欢将事情重新整合。
9　62. 我不要求得到太多的注意力。
1　63. 我喜欢每件事都井然有序,但别人会认为我过分执着。
4　64. 我渴望拥有完美的心灵伴侣。
3　65. 我常夸耀自己,对自己的能力十分有信心。
8　66. 如果周遭的人行为太过分,我准会让他难堪。
3　67. 我外向,精力充沛,喜欢不断追求成就,这使我的自我感觉良好。
6　68. 我是一位忠实的朋友和伙伴。
2　69. 我知道如何让别人喜欢我。
3　70. 我很少看到别人的功劳和好处。
2　71. 我很容易知道别人的功劳和好处。
3　72. 我嫉妒心强,喜欢跟别人比较。
1　73. 我对别人做的事总是不放心,批评一番后,自己会动手再做。

3　74. 别人会说我常常戴着面具做人。
6　75. 有时我会激怒对方,引来莫名其妙的吵架,其实我是想试探对方爱不爱我。
8　76. 我会极力保护我所爱的人。
3　77. 我常常可以保持兴奋的状态。
7　78. 我只喜欢与有趣的人交友,对一些沉闷的人却懒得交往,即使他们看起来很有深度。
2　79. 我常往外跑,四处帮助别人。
3　80. 有时我会讲求效率而牺牲完美和原则。
1　81. 我似乎不太懂得幽默,没有弹性。
2　82. 我待人热情而有耐性。
5　83. 在人群中我时常感到害羞和不安。
8　84. 我喜欢效率,讨厌拖泥带水。
2　85. 帮助别人达致快乐和成功是我重要的成就。
2　86. 付出时,别人若不欣然接纳,我便会有挫折感。
1　87. 我的肢体硬邦邦的,不习惯别人热情的付出。
5　88. 我对大部分的社交集会不太有兴趣,除非是我熟识的和喜爱的人。
2　89. 很多时候我会有强烈的寂寞感。
2　90. 人们很乐意向我讲述他们所遭遇的问题。
1　91. 我不但不会说甜言蜜语,而且别人会觉得我唠叨不停。
7　92. 我常担心自由被剥夺,因此不爱作承诺。
3　93. 我喜欢告诉别人我所做的事和所知的一切。
9　94. 我很容易认同别人为我所做的事和所知的一切。
8　95. 我要求光明正大,为此不惜与人发生冲突。
8　96. 我很有正义感,有时会支持不利的一方。
1　97. 我注重小节而效率不高。
9　98. 我容易感到沮丧和麻木更多于愤怒。
5　99. 我不喜欢那些有侵略性或过度情绪化的人。
4　100. 我非常情绪化,一天内喜怒哀乐多变。
5　101. 我不想别人知道我的感受与想法,除非我告诉他们。
1　102. 我喜欢刺激和紧张的关系,而不是稳定和依赖的关系。
7　103. 我很少用心去听别人的心情,只喜欢说说俏皮话和笑话。

1　104. 我是循规蹈矩的人,秩序对我十分有意义。

4　105. 我很难找到一种我真正感到被爱的关系。

1　106. 假如我想要结束一段关系,我不是直接告诉对方就是激怒他,让他离开我。

9　107. 我温和平静,不自夸,不爱与人竞争。

9　108. 我有时善良可爱,有时又粗野暴躁,很难捉摸。

九型人格类型:

1号人格——完美主义者。

内心的正确标准变成严格的自我要求。不断产生自责的思想。有一种强迫性需要,只接受正确的事情。

2号人格——给予者

争取得到他人支持,避免被他人反对。对自己的重要性感到骄傲,认为“他们没有我不行”。

3号人格——实干者

看重自己的表现和成就。讲究效率,喜欢竞争,避免失败。相信爱情来自你能提供什么,而不在于你是谁。

4号人格——悲情浪漫者

觉得有些东西在生活中遗失了,而别人又恰好拥有自己遗失的东西。被遥不可及的事物深深吸引。把一个不存在的恋人理想化。

5号人格——观察者

私密,保持不被涉及的状态。感到威胁时,第一道防线是撤退,或者系紧安全带。害怕用心去感觉。

6号人格——怀疑论者

推延行动。用思想代替行动。工作无法善始善终。忘记对成功和快乐的追求。对权威的极端态度:要么顺从,要么反抗。

7号人格——享乐主义者

需要保持高度的兴奋,同时参与多项活动,对很多事情都感兴趣。喜欢保持感情的高峰状态。

8号人格——领导者

控制个人的占有物和空间,控制那些可能影响自己生活的人。具有进攻性,公开表达自己的愤怒。关注正义,喜欢保护他人。

9号人格——调停者

用不必要的事物来取代真实的需要。最重要的事情往往被留在一天的最后时刻。难以做出决定。“我是同意,还是不同意?”

附录二 陈会昌气质量表

气质指个体心理活动的稳定的动力特征,它是职业选择的依据之一,也是人才测评的一项重要内容。某些气质特征为一个人从事某种工作提供有利的条件,但在一般的实践活动中,由于气质的各种特质之间可以相互补偿,因此对活动效率的影响并不明显。但一些特殊职业,如运动员、宇航员、雷达观察员等,对人的气质特征提出了特定的要求。要想从事这类工作,必须经过气质测验,进行严格的选拔和淘汰。

测试内容:请阅读下面60个题目,做出最符合自己的判断。非常符合计2分,比较符合计1分,拿不准的计0分,比较不符合计-1分,完全不符合计-2分。分别把属于每一种气质类型的题目分数相加,得出的和即为该类型的得分。

1. 做事力求稳妥,不做无把握的事。
2. 遇到可气的事就怒不可遏,想把心里话全说出来才痛快。
3. 宁可一个人做事,也不愿很多人在一起。
4. 到一个新环境很快就能适应。
5. 厌恶那些强烈的刺激,如尖叫、噪声、危险镜头等。
6. 和人争吵时,总是先发制人,喜欢挑衅。
7. 喜欢安静的环境。
8. 喜欢和人交往。
9. 羡慕那种能克制自己感情的人。
10. 生活有规律,很少违反作息制度。
11. 在多数情况下情绪是乐观的。
12. 碰到陌生人觉得很拘束。
13. 遇到令人气愤的事,能很好地自我克制。
14. 做事总是有旺盛的精力。
15. 遇到问题常常举棋不定,优柔寡断。
16. 在人群中从不觉得过分拘束。

17. 情绪高昂时,觉得干什么都有趣。
18. 当注意力集中于一件事时,别的事很难使我分心。
19. 理解问题总比别人快。
20. 碰到危险情境,常有一种极度恐惧感。
21. 对学习、工作、事业怀有很高的热情。
22. 能够长时间做枯燥、单调的工作。
23. 符合兴趣的事情,干起来劲头十足,否则就不想干。
24. 一点小事就能引起情绪波动。
25. 讨厌做那种需要耐心、细致的工作。
26. 与人交往不卑不亢。
27. 喜欢参加活动。
28. 爱看感情细腻、描写人物内心活动的文学作品。
29. 工作、学习时间长了,常感到厌倦。
30. 不喜欢长时间谈论一个问题,愿意实际动手干。
31. 宁愿侃侃而谈,不愿窃窃私语。
32. 别人说我总是闷闷不乐。
33. 疲倦时只要短暂休息就能精神抖擞,重新投入工作。
34. 理解问题常比别人慢些。
35. 心里有话宁愿自己想,不愿说出来。
36. 认准一个目标就希望尽快实现,不达目的誓不罢休。
37. 学习、工作同样一段时间后,常比别人更疲倦。
38. 做事有些莽撞,常常不考虑后果。
39. 老师或师傅讲授新知识、新技术时,总希望他讲慢些,多重复几遍。
40. 能够很快地忘记那些不愉快的事情。
41. 做作业或完成一件工作总比别人花的时间多。
42. 喜欢运动量大的剧烈体育活动,或参加各种文娱活动。
43. 不能很快地把注意力从一件事转移到另一件事上去。
44. 接受一个任务后,希望把它迅速完成。
45. 认为墨守成规比冒风险强些。
46. 能够同时注意几件事物。
47. 当我烦闷的时候,别人很难使我高兴起来。
48. 爱看情节起伏跌宕、激动人心的小说。

49. 对工作抱着认真严谨、始终一贯的态度。
50. 和周围人的关系总是相处不好。
51. 喜欢复习学过的知识,重复做已经掌握的工作。
52. 喜欢做变化大、花样多的工作。
53. 小时候会背的诗歌,我似乎比别人记得清楚。
54. 别人说我“出口伤人”,可我并不觉得这样。
55. 在体育活动中,常因反应慢而落后。
56. 反应敏捷,头脑机智。
57. 喜欢有条理而不甚麻烦的工作。
58. 兴奋的事常使我失眠。
59. 老师讲新知识,常常听不懂,但是弄懂以后就很难忘记。
60. 假如工作枯燥无味,马上就会情绪低落。

题目对照:

胆汁质,包括第2、6、9、14、17、21、27、31、36、38、42、48、50、54、58题。
多血质,包括第4、8、11、16、19、23、25、29、34、40、44、46、52、56、60题。
黏液质,包括第1、7、10、13、18、22、26、30、33、39、43、45、49、55、57题。
抑郁质,包括第3、5、12、15、20、24、28、32、35、37、41、47、51、53、59题。

结果说明:

如果某种气质得分明显高出其他三种(均高出4分以上),则可定为该种气质;如果两种气质得分接近(差异低于3分)而又明显高于其他两种(高出4分以上),则可定为两种气质的混合型;如果三种气质均高于第四种气质的得分且相接近,则为三种气质的混合型。

胆汁质:相当于神经活动强而不均衡型。这种气质的人兴奋性很好,脾气暴躁,性情直率,精力旺盛,能以很高的热情埋头事业。兴奋时,决心克服一切困难;精力耗尽时,情绪一落千丈。

多血质:相当于神经活动强而均衡型。热情,有能力,适应性强,喜欢交际,精神愉快,机智灵活,注意力易转移,情绪易改变。但办事重兴趣,富于幻想,不愿做耐心细致的工作。

黏液质:相当于神经活动强而均衡型。平静,善于克制忍让,生活有规律,不为无关事情分心,埋头苦干,有耐久力,态度持重,不卑不亢,不爱空谈,严肃认真。但不够灵活,注意力不易转移,易墨守成规。

抑郁质:相当于神经活动弱型。沉静、深刻、易相处,人缘好,办事稳妥可靠,做事坚定,能克服困难。但比较敏感,易受挫折,孤僻、寡欲,反应慢。

附录三　情绪类型自测

请在下面30个问题所提供的答案中选一个你认为最符合自己的答案,要如实并快速回答。

1. 如果让你选择,你更愿意(　　)。
   A. 同许多人一起工作并亲密接触(3分)
   B. 和一些人一起工作(2分)
   C. 独自工作(1分)
2. 当你解闷而读书时,你喜欢(　　)。
   A. 读史书、秘闻、传记类书籍(1分)
   B. 读历史小说、社会问题小说(2分)
   C. 读幻想小说、荒诞小说(3分)
3. 对恐怖影片反应如何?(　　)
   A. 不能忍受(1分)
   B. 害怕(3分)
   C. 很喜欢(2分)
4. 以下哪种情况符合你?(　　)
   A. 很少关心他人的事(1分)
   B. 关心熟人的生活(2分)
   C. 爱听新闻,关心别人的生活细节(3分)
5. 去外地时,你会(　　)。
   A. 为亲戚们的平安感到高兴(1分)
   B. 陶醉于自然风光(3分)
   C. 希望去更多的地方(2分)
6. 你看电影时会哭或觉得要哭吗?(　　)
   A. 经常(3分)
   B. 有时(2分)

C. 从不(1 分)

7. 遇到朋友时,你经常是(　　)。

A. 点头问好(3 分)

B. 微笑、握手和问候(2 分)

C. 拥抱他们(3 分)

8. 如果在车上有陌生人要你听他讲自己的经历,你会怎样?(　　)

A. 显示你颇有同感(2 分)

B. 真的很感兴趣(3 分)

C. 打断他,做自己的事(1 分)

9. 是否想过给报纸的问题专栏写稿?(　　)

A. 绝对没想过(1 分)

B. 有可能想过(2 分)

C. 想过(3 分)

10. 被问及私人问题,你会怎样?(　　)

A. 感到不快和气愤,拒绝回答(3 分)

B. 平静地说出你认为适当的话(1 分)

C. 虽然不快,但还是回答了(2 分)

11. 在咖啡店要了杯咖啡,这时你发现旁边有一位姑娘在哭泣,你会怎样?(　　)

A. 想说些安慰话,但却羞于开口(2 分)

B. 问她是否需要帮助(3 分)

C. 换个座位远离她(1 分)

12. 在朋友家聚餐时,朋友和其爱人激烈地吵了起来,你会怎样?(　　)

A. 觉得不快,但无能为力(2 分)

B. 立即离开(1 分)

C. 尽力劝解(3 分)

13. 你会在什么情况下送礼物给朋友?(　　)

A. 仅仅在新年和朋友生日时(1 分)

B. 全凭兴趣(3 分)

C. 觉得有愧或有求于他们(2 分)

14. 一个刚相识的人对你说了一些恭维话,你会怎样?(　　)

A. 感到窘迫(2 分)

B. 谨慎地观察对方(1 分)

C. 非常喜欢听,并开始喜欢对方(3 分)

15. 如果家事让你不快,上班时你会(　　)。

A. 继续不快,并显露出来(3 分)

B. 工作起来,把烦恼丢在一边(1 分)

C. 尽量理智,但仍因压不住火而发脾气(2 分)

16. 生活中的一个重要关系破裂了,你会(　　)。

A. 感到伤心,但尽可能正常生活(2 分)

B. 至少在短时间内感到心痛(3 分)

C. 无可奈何地摆脱忧伤心情(1 分)

17. 一只迷路的小猫闯进你家,你会(　　)。

A. 收养并照顾它(3 分)

B. 扔出去(1 分)

C. 想给它找个主人,找不到就让它安乐死(2 分)

18. 对于信件或纪念品,你会(　　)。

A. 刚刚收到就无情地扔掉(1 分)

B. 保存多年(3 分)

C. 两年清理一次(2 分)

19. 你是否因内疚或痛苦而后悔?(　　)

A. 是的,一直很久(3 分)

B. 偶尔后悔(2 分)

C. 从不后悔(1 分)

20. 同一个很羞怯或紧张的人说话时,你会(　　)。

A. 因此感到不安(2 分)

B. 觉得逗他说话很有趣(3 分)

C. 有点生气(1 分)

21. 你喜欢哪个时期的孩子?(　　)

A. 很小的时候,而且有些可怜巴巴的(3 分)

B. 长大了的时候(1 分)

C. 能同你谈话的时候,并且形成了自己的个性(2 分)

22. 爱人抱怨你花在工作上的时间太长了,你会怎样?(　　)

A. 解释说这是为了你们两人的共同利益,然后仍像以前那样去做(1 分)

B. 试图把更多时间花在家庭上(3 分)

C. 对两方面的要求感到矛盾,并试图使两方面都让人满意(2 分)

23. 在特别好的演出结束后,你会(　　)。

A. 用力鼓掌(3 分)

B. 勉强鼓掌(1 分)

C. 加入鼓掌,但觉得很不自然(2 分)

24. 当拿到母校的一份刊物时,你会(　　)。

A. 通读一遍后扔掉(2 分)

B. 仔细阅读,并保存起来(3 分)

C. 不看就扔进垃圾筒(1 分)

25. 看到路对面有一个熟人时,你会(　　)。

A. 走开(1 分)

B. 招手,如对方没有反应就走开(2 分)

C. 走过去问好(3 分)

26. 一位朋友误解了你的行为,并且正在生你的气,你会怎样?(　　)

A. 尽快联系,做出解释(3 分)

B. 等朋友自己清醒过来(1 分)

C. 等待一个好机会再联系,但对误解的事不做解释(2 分)

27. 你怎样处置不喜欢的礼物?(　　)

A. 立即扔掉(1 分)

B. 热情地保存起来(3 分)

C. 藏起来,仅在赠者来访时才摆出来(2 分)

28. 对示威游行、宗教仪式的态度如何?(　　)

A. 冷淡(1 分)

B. 感动地流泪(3 分)

C. 使你窘迫(2 分)

29. 是否会毫无理由地觉得害怕?(　　)

A. 经常(3 分)

B. 偶尔(2 分)

C. 从不(1 分)

30. 下面哪种情况与你最相符?(　　)

A. 十分留心自己的感情(2 分)

B. 总是凭感情办事(3 分)

C. 感情没什么要紧,结局才最重要(1 分)

结果说明:

30～50 分:理智型情绪。很少为什么事而激动,即使生气,也表现得很有克制力。主要弱点是对他人的情绪缺乏反应。爱情生活很有局限,而且可能会听到别人在背后说你"冷血动物"。目前需要松弛自己。

51～69 分:平衡型情绪。时而感情用事,时而十分克制。即使在很恶劣的环境下握起拳头,仍能从情绪中摆脱出来。因此,很少与人争吵。爱情生活十分愉快、轻松,即使与配偶陷入感情纠葛,也能不自觉的处理妥当。

70～90 分:冲动型情绪。是个非常重感情的人。如果是女性,一定是眼泪的俘虏。如果是男性,可能非常随和,但喜欢自我炫耀。可能经常陷入短暂的风暴似的爱情纠纷,因此麻烦百出。想劝你冷静,简直是不可能的事。这里有必要提醒你,克制自己。

附录四　人际交往能力自测

请阅读下面 30 个题目,做出最符合自己的判断。"完全符合"得 2 分,"基本符合"得 1 分,"难于判断"得 0 分,"基本不符合"得 -1 分,"完全不符合"得 -2 分。

1. 我害怕与陌生人打交道。
2. 我看见陌生人常常觉得无话可说。
3. 在陌生异性面前,我常感到手足无措。
4. 我不喜欢在大庭广众面前说话。
5. 我的文字表达能力远比语言表达能力强。
6. 在公共场合讲话,我不敢看听众的眼睛。
7. 我不喜欢广交朋友。
8. 我的要好朋友很少。
9. 我只喜欢与同我谈得拢的人接近。
10. 到一个新环境,我可以接连好几天不讲话。
11. 如果没有熟人在场,我感到很难找到可以交谈的话题。

12. 在集体讨论中我喜欢做倾听者,而不愿做发言者。
13. 参加一次新的集会,我不会结识很多人。
14. 对待别人的求助,无论我能否解决,都难以开口拒绝。
15. 我习惯独自解决问题,不是因为我能力超强,而是感到难以开口向人求助。
16. 我很少主动到同学、朋友家串门。
17. 我不习惯和别人聊天。
18. 领导、老师在场时,我讲话特别紧张。
19. 我不善于说服人,尽管有时我觉得很有道理。
20. 有人对我不友好时,我常常找不到恰当的对策。
21. 我不知道怎样与嫉妒我的人相处。
22. 我同别人的友谊发展,多数是别人采取主动态度。
23. 我最怕在社交场合碰到令人尴尬的事。
24. 我不善于赞美别人,感到很难把话说得自然亲切。
25. 别人话中带刺挪揄我,除了生气外,我别无他法。
26. 我最怕做接待工作,害怕同陌生人打交道。
27. 参加集会,我总是坐在熟人旁边。
28. 我的朋友都是同我年龄相仿的人。
29. 我几乎没有异性朋友。
30. 我不喜欢拘束和不自由,所以讨厌与地位比我高的人交往。

结果说明:

1. 测试结果仅供参考,不同阶段的测试结果也许不同。

2. 得分越低,说明社交能力越强。30 分以上,社交能力相当差;0 ~ 30 分,社交能力较差; - 20 ~ 0 分,社交能力还可以;低于 - 20 分,比较善于交往。

附录五　焦虑情况自测

焦虑自评量表(Self-Rating Anxiety Scale,SAS)由华裔教授 William W. K. Zung 编制。请根据您一周以来的实际感觉画"√",请不要漏评任何一个项目,也不要在同一个项目上重复评定。

焦虑自评量表(SAS)

序号	题　目	没有或很少时间有	有时有	大部分时间有	绝大部分或全部时间都有	评分
1	我觉得比平常容易紧张和着急(焦虑)					
2	我无缘无故地感到害怕(害怕)					
3	我容易心里烦乱或觉得惊恐(惊恐)					
4	我觉得我可能将要发疯(发疯感)					
5 *	我觉得一切都很好,也不会发生什么不幸(不幸预感)					
6	我手脚发抖、打战(手足颤抖)					
7	我因为头痛、颈痛和背痛而苦恼(躯体疼痛)					
8	我感觉容易衰弱和疲乏(乏力)					
9 *	我觉得心平气和,并且容易安静地坐着(静坐不能)					
10	我觉得心跳很快(心慌)					
11	我因为一阵阵头晕而苦恼(头昏)					
12	我有晕倒发作或觉得要晕倒似的(晕厥感)					
13 *	我呼气、吸气都感到很容易(呼吸困难)					
14	我手脚麻木和刺痛(手足刺痛)					
15	我因为胃痛和消化不良而苦恼(胃痛或消化不良)					
16	我常常要小便(尿意频数)					
17 *	我的手常常是干燥温暖的(多汗)					
18	我脸红发热(面部潮红)					
19 *	我容易入睡并且一夜睡得很好(睡眠障碍)					
20	我做噩梦					
总分统计						

结果说明：

1. 量表中有部分反向(即从焦虑反向状态)评分的题,请注意保证在填分、算分、评分时的理解。

2. 本表可用于反映测试者焦虑的主观感受,对心理咨询门诊及精神科门诊或住院精神病人均可使用,但由于焦虑是神经症的共同症状,故SAS在各类神经症鉴别中作用不大。

3. 关于焦虑症状的临床分级,除参考量表分值外,主要还应根据临床症状,特别是要害症状(要害症状包括:与处境不相称的痛苦情绪体验、精神运动性不安、自主神经功能障碍)的程度来划分,量表总分值仅作为一项参考指标而非绝对标准。

4. SAS采用4级评分,主要评定症状出现的频度,其标准为:“1”表示没有或很少时间有;“2”表示有时有;“3”表示大部分时间有;“4”表示绝大部分或全部时间都有。20个条目中有15项是用负性词陈述的,请按上述1~4顺序评分。其余5项(第5、9、13、17、19题)注*号者,是用正性词陈述的,按4~1顺序反向计分。

5. SAS的主要统计指标为总分。将20个项目的各个得分相加,即得粗分;用粗分乘以1.25后取整数,就得到标准分。SAS标准分的分界值为50分,其中50~59分为轻度焦虑,60~69分为中度焦虑,70分以上为重度焦虑。

附录六　社交恐惧症自测

这个测试非常简单,每道题有1、2、3、4四个分值可以选择:从不或很少如此计1分;偶尔这样计2分;经常如此计3分;总是这样计4分。请结合近两周的社交情况进行选择,然后把各题得分相加。

社交恐惧症测试表

序号	题　目	从不或很少如此	偶尔这样	经常如此	总是这样
1	我十分害怕在领导、长辈等重要人物面前讲话				
2	当我被别人发现脸红了,这会让我很尴尬				
3	有人叫我参加一些集体活动,但是我很害怕出席				
4	我常回避和我不认识的人进行交谈				
5	我发现我总能做出让别人在背后议论我的事情				

续上表

序号	题　目	从不或很少如此	偶尔这样	经常如此	总是这样
6	我回避任何以我为中心的事情				
7	我害怕当众讲话				
8	我不能在别人的注目下做事				
9	看见陌生人我就不由自主地发抖、心慌				
10	我会梦见和别人交谈时出丑的窘样				

结果说明：

1 ~9 分，说明你的心理状态很健康。

10 ~24 分，可能存在轻度社交恐惧症。

25 ~35 分，可能存在中度社交恐惧症。

36 ~40 分，可能存在重度社交恐惧症。

附录七　强迫症自测

下面是强迫症的自测表，可以根据自己的情况进行评定。

1. 我常产生对病菌和疾病毫无必要的担心。

2. 我常反复洗手而且洗手的时间很长，超过正常所需时间。

3. 我有时不得不毫无理由地重复相同的内容、句子或数字好几次。

4. 我觉得自己穿衣、脱衣、清洗、走路时要遵循特殊的顺序。

5. 我常常没有必要地对东西进行过多的检查，如检查门窗、开关、煤气、钱物、文件、表格、信件等。

6. 我不得不反复做某些事情，直到我认为自己已经做好了为止。

7. 我对自己做的大多数事情都会产生怀疑。

8. 一些不愉快的想法常违背我的意愿进入我的头脑，使我不能摆脱。

9. 我常常设想自己因粗心大意或细小的差错会引起灾难性的后果。

10. 我时常无原因地担心自己患了某种疾病。

11. 我时常无原因地计数。

12. 在某些场合，我很害怕失去控制而做出尴尬的事。

13. 有时我有毫无原因地想要破坏某些物品,或有伤害他人的冲动。

14. 在某些场合,即使当时我生病了,我也想暴食一顿。

15. 当我听到自杀、犯罪或生病时,我会心烦意乱很长时间,很难不去想它。

结果说明:

当上面任意一条或一条以上的症状持续存在并且影响到你的正常生活时,建议找心理咨询师或专科医生进一步咨询。

附录八　抑郁自测

SDS(Self-Rating Depression Scale),是(心理学)抑郁自评量表。目前广泛应用于门诊病人的粗筛、情绪状态评定以及调查、科研等,不能用于诊断。

测试说明:

本评定量表共有20个题目,分别列出了有些人可能会有的问题。

在自评者评定之前,一定要把整个量表的填写方法及每个问题的含义都弄明白,然后做出独立的、不受他人影响的自我评定。

必须仔细阅读每一个条目,然后根据最近一个星期以内你的实际感受,选择一个与自身情况最相符合的答案。A表示没有该症状,B表示小部分时间有该症状,C表示相当多的时间有该症状,D表示绝大部分时间或全部时间有该症状。

不要有所顾忌,应该根据自己的真实体验和实际情况来回答,不要花费太多的时间去思考,应顺其自然,根据第一印象做出判断。

注意:测验中的每一个题目都要评定,不要遗漏,以避免影响测验结果的准确性。

抑郁自评量表(SDS)

序号	题　目	A	B	C	D
1	我觉得闷闷不乐,情绪低沉				
2*	我觉得一天之中早晨最好				
3*	我一阵阵哭出来或觉得想哭				
4*	我晚上睡眠不好				
5*	我吃得跟平常一样多				
6*	我与异性密切接触时和以往一样感到愉快				

续上表

序号	题　目	A	B	C	D
7	我发觉我的体重在下降				
8	我有便秘的苦恼				
9	我心跳比平时快				
10	我无缘无故地感到疲乏				
11*	我的头脑跟平常一样清楚				
12*	我觉得经常做的事情并没有困难				
13	我觉得不安而平静不下来				
14*	我对将来抱有希望				
15	我比平常容易生气激动				
16*	我觉得做出决定是容易的				
17*	我觉得自己是个有用的人,有人需要我				
18*	我的生活过得很有意思				
19	我认为如果我死了,别人会生活得好些				
20*	对于平常感兴趣的事,我仍然感兴趣				

结果说明:

1.本量表包含10道反向计分题。正向计分题A、B、C、D按1、2、3、4分计;反向计分题按4、3、2、1计分。

反向计分题号:2、5、6、11、12、14、16、17、18、20。

2.指标为总分。将20个题目的得分相加,即得粗分。标准分等于粗分乘以1.25后的整数部分。总粗分的正常上限为41分,标准总分为53分。

3.抑郁严重度得分=总分÷80。

4.结果判断(仅供参考):

0.5分以下为无抑郁。

0.5~0.59分为轻微至轻度抑郁。

0.6~0.69分为中至重度抑郁。

0.7分以上为重度抑郁。

附录九　斯滕伯格爱情三角量表

完成以下量表,确定你和爱人之间的感情哪一个成分含量最高。以下共有 45 句描述,用 1 ~9 来表示你对每一句描述的赞同程度,1 表示“完全不同意”,5 表示“一般”,9 表示“完全同意”。请依据自己同意的程度给每一项评分。

亲密部分:

1. 我很支持爱人能过得更幸福。
2. 我和爱人之间关系很好。
3. 在我需要时,我很信赖爱人。
4. 爱人也能在需要时信赖我。
5. 我愿意和爱人分享我自己以及我拥有的东西。
6. 我从爱人那里得到许多情感支持。
7. 我给爱人许多情感支持。
8. 我和爱人沟通良好。
9. 在我的生活中,我非常看重爱人。
10. 我感觉与爱人亲近。
11. 我和爱人之间的关系让我感觉舒服。
12. 我感觉我真正理解爱人。
13. 我感觉爱人真正理解我。
14. 我感觉我能真正信任爱人。
15. 我可以向爱人分享我自己内心深处的个人想法。

激情部分:

16. 只要见到爱人,我就会兴奋。
17. 我发觉一整天我都会频繁地想到爱人。
18. 我和爱人的关系非常浪漫。
19. 我发现爱人非常具有个人魅力。
20. 我认为爱人很理想。
21. 我无法想象另一个人可能会带给我爱人带给我的快乐。
22. 和其他人相比,我更愿意和爱人待在一起。
23. 没有什么比我和爱人之间的关系更重要的了。

24. 我特别喜欢和爱人保持身体接触。
25. 在我和爱人的关系中有一种“魔力”的东西。
26. 我崇拜爱人。
27. 我不能想象我的生活中如果没有爱人会怎样。
28. 我和爱人的关系充满激情。
29. 当我看到爱情题材的电影和书时,我都会想到爱人。
30. 我对爱人充满了激情。

承诺部分:

31. 我知道我关心我的爱人。
32. 我保证我会和我的爱人保持关系。
33. 因为我已经对爱人做出了承诺,我不会让其他人干扰我们的关系。
34. 我相信我和爱人的关系是稳定的。
35. 我不会让任何事情干扰我对爱人的承诺。
36. 我期望我对爱人的爱一直到永远。
37. 我会常常感觉对爱人有强烈的责任感。
38. 我认为我对爱人的承诺不会有变化。
39. 我无法想象我与爱人的关系结束的情景。
40. 我能确定我对爱人的爱。
41. 我认为我和爱人的关系会长久。
42. 我认为我和爱人确立关系是我做出的一个好决定。
43. 我感觉对爱人有一种责任感。
44. 我打算继续和爱人保持关系。
45. 即使当与爱人很难相处时,我也会维持我们的关系承诺。

结果说明:

先把每个部分(亲密部分 1 ~ 15 题,激情部分 16 ~ 30 题,承诺部分 31 ~ 45 题)的题目分数加起来,再将每部分的得分除以 15。此时,每个分量表都会得到一个平均分。可以通过这三个分量表的得分比来衡量爱情成分的权重。请注意:这个权重会随着时间和事件的发展而不断变化。

参考文献

[1] 吴松全. 自我认知与情绪管理[Z/OL]. https://www.icourse163.org/course/HIT-1002545001.

[2] 朱育红,潘力军,王爱丽. 大学生心理健康教育课堂互动手册[M]. 上海:华东理工大学出版社,2015.

[3] 北师大心理咨询与服务中心. 大学生心理危机干预辅导员手册[M]. 北京:北京师范大学出版社,2017.

[4] 吕信恩. 大学生心理咨询手记[M]. 杭州:浙江工商大学出版社,2016.

[5] Richard S. Sharf. 生涯发展与规划:人生的问题与选择[M]. 周黎明,译. 北京:中国人民大学出版社,2012.

[6] 王文瑄,任德仪,叶正芃. 调查显示:96%的大学生与父母关系融洽[N/OL]. http://zqb.cyol.com/html/2019-06/04/nw.D110000zgqnb_20190604_1-06.htm.

[7] 佚名. 大学生就业迷茫,如何更好地就业?[Z/OL]. http://k.sina.com.cn/article_6434004897_17f7f1fa1001003gux.html?from=edu.

[8] 佚名. 大学生职业规划的流程[Z/OL]. https://wenku.baidu.com/view/95ac90294b73f242336c5fd6.html.

[9] 佚名. 大学生心理健康[Z/OL]. https://baike.baidu.com/item/%E5%A4%A7%E5%AD%A6%E7%94%9F%E5%BF%83%E7%90%86%E5%81%A5%E5%BA%B7/7332039?fr=aladdin.

[10] 佚名. 18句关于生活的智慧,句句精辟,值得收藏[Z/OL]. https://baijiahao.baidu.com/s?id=1598420484050309248&wfr=spider&for=pc.

[11] 佚名. 世界卫生组织十大健康标准[Z/OL]. https://wenku.baidu.com/view/545cf175a417866fb84a8e77.htm.

[12] 佚名. 大学生心理健康的标准[Z/OL]. https://wenku.baidu.com/view/6cdfcbafcf2f0066f5335a8102d276a201296005.html.

[13] 佚名. 大学[Z/OL]. https://baike.baidu.com/item/%E5%A4%A7%E5%AD%A6/5579?fr=aladdin.

[14] 佚名. 作为大学生要注意几个问题[Z/OL]. https://wenku.baidu.com/view/c33ef1dccf84b9d528ea7ab8.html.

[15] 佚名. 大学生心理的发展方向[Z/OL]. https://zhidao. baidu. com/question/15938849. html.

[16] 佚名. 大学心理健康知识及心理危机预防方法[Z/OL]. https://wenku. baidu. com/view/d1146a2c846fb84ae45c3b3567ec102de2bddfcc. html.

[17] 佚名. 怎样的表现是自卑的表现[Z/OL]. https://wenwen. sogou. com/z/q132264592. htm.

[18] 佚名. 大学生该如何正确面对失恋? [Z/OL]. https://m. sohu. com/a/275300752_120013716.

[19] 佚名. 大学生常见的心理问题有哪些? [Z/OL]. https://zhidao. baidu. com/question/744407498013663892. html.

[20] 佚名. 大学生心理调节技巧有哪些? [Z/OL]. http://www. coozhi. com/jiankangyangsheng/xinlijiankang/13882. html.

[21] 佚名. 大学生常见的心理问题有哪些? [Z/OL]. https://zhidao. baidu. com/question/367368047523603092. html.

[22] 佚名. 大学生的学习压力的并不少,甚至比中学还大,我来教你适应[Z/OL]. https://baijiahao. baidu. com/s? id = 1618818835597840005&wfr = spider&for = pc.

[23] 佚名. 大学生到底需要怎样的师生关系? [N/OL]. http://edu. 163. com/18/0312/10/DCMJR23Q00297VGM. html.